O CONTROLE DE CONSTITU-CIONALIDADE NO BRASIL

tópicos sobre o controle de convencionalidade

Eduardo Biacchi Gomes

EDITORA intersaberes

Rua Clara Vendramin, 58 . Mossunguê . Cep 81200-170 . Curitiba . PR . Brasil
Fone: (41) 2106-4170 . www.intersaberes.com . editora@editoraintersaberes.com.br

Conselho editorial Dr. Ivo José Both (presidente), Dra Elena Godoy, Dr. Neri dos Santos, Dr. Ulf Gregor Baranow ▪ **Editora-chefe** Lindsay Azambuja ▪ **Gerente editorial** Ariadne Nunes Wenger ▪ **Preparação de originais** Novotexto ▪ **Edição de texto** Arte e Texto Edição e Revisão de Textos, Guilherme Conde Moura Pereira ▪ **Capa** Luana Machado Amaro ▪ **Projeto gráfico** Mayra Yoshizawa ▪ **Diagramação** Laís Galvão ▪ **Equipe de design** Luana Machado Amaro ▪ **Iconografia** Sandra Lopis da Silveira e Regina Claudia Cruz Prestes

Dados Internacionais de Catalogação na Publicação (CIP)
(Câmara Brasileira do Livro, SP, Brasil)

EDITORA AFILIADA

Gomes, Eduardo Biacchi
    Controle de constitucionalidade no Brasil: tópicos sobre o controle de convencionalidade/Eduardo Biacchi Gomes. Curitiba: InterSaberes, 2020. (Série Direito Público)

Bibliografia.
ISBN 978-65-5517-691-9

1. Controle da constitucionalidade - Brasil 2. Controle da constitucionalidade das leis 3. Jurisprudência I. Título. II. Série.

20-37019   CDU-342

Índices para catálogo sistemático:
1. Controle de constitucionalidade: Direito constitucional 342
Cibele Maria Dias - Bibliotecária - CRB-8/9427

1ª edição, 2020.

Foi feito o depósito legal.

Informamos que é de inteira responsabilidade do autor a emissão de conceitos.

Nenhuma parte desta publicação poderá ser reproduzida por qualquer meio ou forma sem a prévia autorização da Editora InterSaberes.

A violação dos direitos autorais é crime estabelecido na Lei n. 9.610/1998 e punido pelo art. 184 do Código Penal.

Sumário

7 ▪ *Apresentação*

11 ▪ *Introdução*

Capítulo 1
13 ▪ **Controle de constitucionalidade**
15 | Controle de constitucionalidade: conceito
36 | Principais tipos de inconstitucionalidade
51 | Classificações do controle de constitucionalidade quanto ao órgão controlador
61 | Classificação quanto ao critério temporal (momento do controle de constitucionalidade): controle preventivo e repressivo de constitucionalidade
74 | O controle de constitucionalidade e a súmula vinculante
79 | O controle de constitucionalidade e a Reclamação Constitucional

Capítulo 2
83 ▪ **O controle difuso de constitucionalidade**
85 | Contexto histórico do controle difuso de constitucionalidade (caso Marbury *versus* Madison)
92 | O funcionamento do controle difuso de constitucionalidade no Brasil
98 | O recurso extraordinário e o Supremo Tribunal Federal (STF)
107 | Repercussão geral e o Supremo Tribunal Federal (STF)

Capítulo 3
117 ▪ **O controle concentrado de constitucionalidade**
119 | Controle concentrado de constitucionalidade: noções gerais
122 | A Ação Direta de Inconstitucionalidade (ADI)
140 | A Ação Direta de Inconstitucionalidade por Omissão (ADO)
152 | A Ação Direta de Inconstitucionalidade Interventiva (IF)
158 | Ação Declaratória de Constitucionalidade (ADC)
165 | A Arguição de Descumprimento de Preceito Fundamental (ADPF)

Capítulo 4
179 ▪ **O controle de convencionalidade: noções gerais**
182 | O controle de convencionalidade

229 ▪ *Considerações finais*
233 ▪ *Para saber mais*
237 ▪ *Referências*
249 ▪ *Lista de siglas*
251 ▪ *Sobre o autor*

Apresentação

Este livro tem por objetivo trazer aos alunos de graduação, pós-graduação e cursos técnicos, bem como aos demais interessados no assunto, informações e detalhes sobre o controle de constitucionalidade, sempre por meio de uma abordagem técnica, atual e prática.

A obra conta ainda com o diferencial de tratar sobre o controle de convencionalidade, igualmente complexo e com características próprias que o distinguem do controle de constitucionalidade.

Em um mundo no qual todos os dias são comentadas novas decisões e são exigidas opiniões a respeito da Constituição, é imprescindível o conhecimento acerca do controle de constitucionalidade, o que será demonstrado neste livro por meio de uma análise da principal doutrina, da legislação e da jurisprudência, contando, não obstante, com uma leitura facilitada e dinâmica.

O conteúdo está estruturado em quatro capítulos, de modo a apresentar as informações essenciais e facilitadas sobre temas tão complexos e relevantes a respeito do controle da Constituição e do controle de convencionalidade.

No Capítulo 1, tratamos do conceito de controle de constitucionalidade e esclarecemos seus principais tipos e suas principais classificações. Nele, ainda são vislumbradas as figuras da súmula vinculante e da Reclamação Constitucional.

No Capítulo 2, analisamos o controle difuso de constitucionalidade de maneira mais detalhada, com ênfase em seu contexto histórico e seu funcionamento no Brasil.

Já no Capítulo 3, o controle concentrado de constitucionalidade ganha especial atenção. Nele, analisamos as principais ações de constitucionalidade e a jurisprudência atualizada.

Por fim, dedicamos o Capítulo 4 ao estudo do controle de convencionalidade, tanto no ambiente internacional quanto no meio brasileiro, como importante instrumento para fins de efetivação de direitos humanos.

Pensada com todo carinho, esta obra foi feita para servir como um livro didático e esquematizado sobre o controle de constitucionalidade na condição de importante ramo do Direito Constitucional, bem como sobre o controle de convencionalidade.

Por isso mesmo, procuramos realizar uma obra com leitura simples, a fim de que você possa identificar a teoria com a prática vivenciada.

Dessa forma, você encontrará diversas dicas ao longo da obra, com *sites* oficiais e atuais. Sabemos que a preparação exigida na área é grande (demandando conhecimentos teóricos e práticos) e, assim, esperamos que o presente livro seja utilizado como um importante instrumento para o alcance de objetivos diversos, sem deixar de lado a teoria constitucional inerente à seara.

Abraços e bons estudos.

Introdução

O controle de constitucionalidade demanda todo um estudo especial dentro do Direito Constitucional e do Direito Internacional. Por isso mesmo, esta obra conta com alguns recursos que visam enriquecer o seu aprendizado, a fim de facilitar a compreensão ampla de conteúdos considerados e reconhecidamente complexos, além de tornar a leitura mais dinâmica e atualizada de acordo com a normativa constitucional, a doutrina e a jurisprudência.

Assim, logo na abertura de cada capítulo da obra, você ficará ciente do assunto a ser analisado e dos temas que serão abordados, contando com informação a respeito das competências a serem desenvolvidas após a leitura do capítulo.

No mais, o final de cada tópico do capítulo apresenta quadros esquematizados e resumidos sobre o tema abordado, a fim de sintetizar, de modo ilustrativo e fácil compreensão, tudo aquilo que foi visto.

Capítulo 1

Controle de constitucionalidade

Neste capítulo, o estudo é dedicado ao conceito e às noções gerais do controle de constitucionalidade, ressaltando seus aspectos principais com base na legislação, na doutrina e na jurisprudência do Supremo Tribunal Federal (STF).

Com efeito, desde o início da abordagem, é importante ressaltar que o controle de constitucionalidade é um ramo de estudo do Direito Constitucional, sendo considerado um dos principais aspectos da seara jurídica. Ainda assim, o estudo do controle de constitucionalidade recai sobre todo um ordenamento jurídico, nas mais diversas áreas e com questões práticas do nosso cotidiano. Nesse sentido, estudar o controle de constitucionalidade significa enfatizar o papel primordial da Constituição da República Federativa do Brasil – CRFB (Brasil, 1988a) e garantir sua efetividade na prática.

O objetivo principal deste capítulo é destacar os fundamentos do controle de constitucionalidade e verificar as classificações mais conhecidas desse controle. Ademais, será realizada uma análise de figuras, como a súmula vinculante e a Reclamação, como auxiliadoras na harmonização de um ordenamento jurídico.

Como se trata de um livro que tem o objetivo de facilitar a abordagem constitucional, sem deixar de lado o aprofundamento teórico necessário, o presente capítulo parte de uma perspectiva de análise que considere legislação, doutrina e jurisprudência, com enfoque na perspectiva do Direito Constitucional Brasileiro e na figura principal da CRFB.

1.1
Controle de constitucionalidade: conceito

Um dos mais importantes temas do Direito Constitucional, o controle de constitucionalidade tem como propósito a defesa da Constituição, ápice maior das normas jurídicas e de todo ordenamento jurídico.

Por consequência, dado que norma principal de todo um ordenamento jurídico, a Constituição precisa ser respeitada, e, para isso, as leis e os atos normativos precisam ser controlados, conferindo e garantindo harmonia ao ordenamento jurídico.

Segundo José Afonso da Silva (2018), o controle de constitucionalidade é a verificação da compatibilidade entre normas infraconstitucionais e a Constituição.

Tal necessidade de compatibilização das normas com uma norma superior é atrelada ao fato de que é essa norma maior, consubstanciada pela Constituição do país, a responsável por conferir validade e legitimidade às demais normas (Silva, 2018, p. 49).

Trata-se, pois, da ideia maior de supremacia da Constituição como um dos fundamentos da necessidade de fiscalização e de controle das demais normas jurídicas. Ora, a Constituição, enquanto norma suprema e superior a tudo, é poder e, ao mesmo tempo, "direito indisponível da sociedade política organizada" (Melo, 2008, p. 206).

É nesse sentido, pois, que Clèmerson Merlin Clève (2000, p. 25) acrescenta que a ideia de supremacia constitucional deve ser fixada com uma espécie de consciência constitucional, ou, ainda, uma "vontade de constituição", uma vez que, sem tal consciência, "nenhuma sociedade consegue realizar satisfatoriamente sua Constituição ou cumprir com seus valores".

Outrossim, conforme observa José Leite Sampaio (2002, p. 98-99):

> Por certo, a supremacia constitucional só teria sentido prático se pudessem sancionar possíveis desacertos ou incompatibilidades das normas de escalão hierarquicamente inferior com as normas-parâmetro presentes no texto constitucional.
>
> [...]
>
> Sobressaem-se dois princípios essenciais nesse controle: a "necessidade de uma norma constitucional, isto é, a própria existência de uma Constituição": e, depois, a "ideia de que existe uma hierarquia de atos e normas, a menor na escala hierárquica se subordinando à maior"; restando o exame da inconstitucionalidade, uma "solução técnica para resolver o problema [dessa] supremacia sobre aquelas normas que transgridem os princípios fundamentais [da Constituição]".

Nessa linha, a ideia de supremacia constitucional, levantada por juristas como Hans Kelsen, deve ser compreendida em conjunto com a noção de hierarquia das normas em um ordenamento jurídico, bem como com a ideia de força normativa da Constituição, defendida, em primeira mão, por Konrad Hesse.

> **Para recordar**
> De forma abrangente, pode-se dizer que a ideia de **força normativa**, trazida por Konrad Hesse, aduz que a Constituição possui força normativa, ou seja, de que tal documento é norma jurídica que deve ser cumprida enquanto lei, sendo que todas as normas contidas no texto constitucional, sejam princípios, sejam regras, teriam de ser observadas e cumpridas, não sendo mero pedaço de papel (Hesse, 1991).

Aliada à questão da supremacia constitucional, a rigidez constitucional é elemento justificador do controle de constitucionalidade, no sentido de conferir às normas dispostas na constituição continuidade, imutabilidade e perpetuidade (Tavares, 2019, p. 147).

Conforme explica a doutrina, segundo Ferreira Filho (2018, p. 50, grifo do original):

> A distinção entre Constituição rígida e Constituição flexível, entre Poder Constituinte originário e Poder Constituinte derivado, implica a existência de um **controle de constitucionalidade**. De fato, onde este não foi previsto pelo constituinte, não pode haver realmente rigidez constitucional ou diferença entre o Poder Constituinte originário e o derivado.
>
> Em todo Estado onde faltar controle de constitucionalidade, a Constituição é flexível; por mais que a Constituição se queira

rígida, o Poder Constituinte perdura ilimitado em mãos do legislador. Este, na verdade, poderá modificar a seu talante as regras constitucionais, se não houver órgão destinado a resguardar a superioridade destas sobre as ordinárias. Mais ainda, órgão com força bastante para fazê-lo.

Isso não quer dizer que é preciso prever expressamente a Constituição esse controle, para que ela seja de fato rígida. Basta que de seu sistema tal deflua.

Trata-se, pois, de ideia atrelada à supremacia formal das normas, sendo a rigidez vinculada à constituição escrita (denominada *constituição formal*) e à questão de menor possibilidade de alteração das normas constitucionais.

Na Constituição rígida, por consequência, exige-se observação de um processo legislativo mais trabalhoso, mais dificultoso, para fins de alteração legislativa (Tavares, 2019, p. 106).

O assunto como cobrado em concurso público

Os fundamentos do controle de constitucionalidade e as ideias de supremacia constitucional e de rigidez constitucional são assuntos constantes em concursos públicos para diversos cargos.

Como exemplo, verifique a questão a seguir e procure respondê-la.

(Quadrix – 2019 – CONRERP 2ª Região, Analista de Relações Públicas) Quanto à classificação das constituições, julgue o item.

A rigidez ou flexibilidade da constituição é apurada segundo o critério do grau de formalidade do procedimento requerido para a mudança da Lei Maior.

( ) Certo

( ) Errado

Gabarito oficial: Certo.

Comentário: Conforme analisado, uma constituição é considerada rígida em virtude do grau de alterabilidade das normas, com a exigência de um procedimento mais dificultoso, mais trabalhoso.

Nessa medida, acerca do grau de alterabilidade das suas normas, a Constituição poderá ser classificada conforme o que consta no resumo a seguir.

Em síntese

Classificação de Constituição quanto ao grau de alterabilidade das normas
■ Constituição flexível.
■ Constituição rígida.
■ Constituição semirrígida.
■ Constituição super-rígida (hiper-rígida).

Com relação à Constituição do Brasil de 1988, a doutrina majoritária classifica-a como uma constituição rígida, em razão da previsão do art. 60 do texto constitucional e parágrafos. Dispõe o referido artigo:

Art. 60. A Constituição poderá ser emendada mediante proposta:

I – de um terço, no mínimo, dos membros da Câmara dos Deputados ou do Senado Federal;

II – do Presidente da República;

III – de mais da metade das Assembleias Legislativas das unidades da Federação, manifestando-se, cada uma delas, pela maioria relativa de seus membros.

§ 1º A Constituição não poderá ser emendada na vigência de intervenção federal, de estado de defesa ou de estado de sítio.

§ 2º A proposta será discutida e votada em cada Casa do Congresso Nacional, em dois turnos, considerando-se aprovada se obtiver, em ambos, três quintos dos votos dos respectivos membros.

§ 3º A emenda à Constituição será promulgada pelas Mesas da Câmara dos Deputados e do Senado Federal, com o respectivo número de ordem.

§ 4º Não será objeto de deliberação a proposta de emenda tendente a abolir:

I – a forma federativa de Estado;

II – o voto direto, secreto, universal e periódico;

III – a separação dos Poderes;

IV – os direitos e garantias individuais.

§ 5º A matéria constante de proposta de emenda rejeitada ou havida por prejudicada não pode ser objeto de nova proposta na mesma sessão legislativa. (Brasil, 1988a)

Para alguns autores, como Alexandre de Moraes (2017, p. 47), a Constituição brasileira de 1988 é super-rígida (hiper-rígida), em virtude do art. 60, parágrafo 4º, que traz as denominadas *cláusulas pétreas* e não permite alterações.

Já para o doutrinador André Ramos Tavares (2019, p. 107), a Constituição brasileira de 1988 é exemplo, a um só tempo, de Constituição super-rígida e rígida, em razão de contar com normas imutáveis, perenes, em conjunto com normas com processos rigorosos de modificação e normas de comum alteração.

No mais, como fundamento do controle de constitucionalidade, acrescente-se a ideia dos direitos fundamentais e a necessidade de promoção em seus três níveis: promoção, proteção e garantia (Bobbio, 2004).

Observe o resumo a seguir.

Em síntese

Fundamentos do controle de constitucionalidade
■ Supremacia da Constituição.
■ Hierarquia das normas.
■ Rigidez constitucional.
■ Promoção, proteção e garantia dos direitos fundamentais.

> Por via de consequência, uma norma constitucional nada mais é que aquela que está em conformidade com a Constituição. De outro lado, uma norma inconstitucional é aquela que se encontra em dissonância com a Constituição, não podendo permanecer no ordenamento jurídico.

Trata-se, pois, de ideia de validade das normas advindas do jurista Hans Kelsen, tomando-se a Constituição enquanto norma pura e superior (Silva, 2018, p. 47). Por via de consequência, nesse sistema a lei considerada inconstitucional é inválida (nula), devendo ser extirpada, ou seja, retirada do ordenamento jurídico.

Ademais, vale notarmos que, no Brasil, onde existe um federalismo de duplo grau ou dualista (Ferreira Filho, 2018, p. 67), tem-se como normas superiores não só a Constituição da República Federativa do Brasil, mas também as Constituições dos respectivos estados-membros do país.

Nessa medida, a lei inadequada à Constituição, hierarquicamente superior – seja formalmente, seja materialmente –, não deve ser acolhida no ordenamento jurídico. Para tal verificação é que existe o controle de constitucionalidade, o qual possui variadas formas de classificação, referentes ao exercício, ao órgão julgador, aos sistemas e às vias, ao momento de realização etc.

Quanto à classificação formal ou material, tem-se que uma norma será formalmente incompatível com a Constituição quando não atender aos requisitos referentes ao procedimento legislativo ou, ainda, se tiver um vício de iniciativa.

Por outro lado, haverá inconstitucionalidade material quando presente um vício de conteúdo na norma legal ou no ato normativo em questão.

A nossa figura principal, a Constituição, pois, trata-se do parâmetro de análise no controle normativo. Já quanto ao objeto do controle, ou seja, ao alvo de análise da compatibilidade ou da incompatibilidade em relação à Constituição, este abrangerá toda lei ou ato normativo, com algumas ressalvas importantes.

> Quanto à classificação formal ou material, tem-se que uma norma será formalmente incompatível com a Constituição quando não atender aos requisitos referentes ao procedimento legislativo ou, ainda, se tiver um vício de iniciativa.

Vale salientar o sentido e o alcance do que se entende por *lei* e por *ato normativo*, com suas ressalvas jurisprudenciais.

Por *lei*, deve-se compreender que é possível o controle de constitucionalidade nos casos previstos no art. 59 da Constituição, que traz as figuras jurídicas que deverão, formalmente e materialmente, observá-la. De acordo com a previsão do texto constitucional:

> Art. 59. O processo legislativo compreende a elaboração de:
>
> I – emendas à Constituição;
>
> II – leis complementares;
>
> III – leis ordinárias;

IV – leis delegadas;

V – medidas provisórias;

VI – decretos legislativos;

VII – resoluções. (Brasil, 1988a)

Acerca das emendas constitucionais, estas poderão ser objeto de controle de constitucionalidade. Se analisarmos a Constituição brasileira de 1988, podemos ver que várias são as emendas constitucionais pelas quais ela já passou.

Ora, não há, de acordo com a doutrina majoritária, uma Constituição plenamente imutável, o que implica dizer que os textos constitucionais estão sujeitos a alterações ao longo do tempo. Essas alterações devem atender a aspectos formais e materiais.

Por sua vez, leis complementares, leis ordinárias e leis delegadas são espécies legislativas das quais se vê cotidianamente o controle de constitucionalidade. Exemplo: declaração de que o Código Civil (lei complementar) possui artigo que não é compatível com a Constituição.

As medidas provisórias, inscritas no inciso III do art. 59 da Constituição brasileira, também poderão ser objeto de controle de constitucionalidade, uma vez que compõem aquilo que se entende por "lei". Conforme conceitua Manoel Gonçalves Ferreira Filho (2018, p. 167), as medidas provisórias são "atos normativos com força de lei editados pelo Presidente da República, em casos de relevância e urgência".

Acerca dessa figura jurídica, observe o quadro a seguir para recordar.

Em síntese

Para recordar: medida provisória (art. 62, CRFB)	
Conceito	Tratam-se de "atos normativos com **força de lei editados pelo Presidente da República**, em casos de **relevância e urgência**" (Ferreira Filho, 2018, p. 167, grifo nosso).
Iniciativa	Presidente da República.
Matéria	Vedação de edição de medidas provisórias que versem sobre os assuntos previstos no § 1º do art. 62.
Prazo	60 dias, prorrogáveis por mais 60 dias, por uma única vez (art. 62, §§ 3º e 7º).
Efeitos	Imediatos e provisórios (desde sua publicação) à necessidade de aprovação pelo Congresso Nacional para tornar-se lei definitivamente.

Contudo, é importante observar que há de se verificar se a medida provisória que altere lei em vigor já foi aprovada ou não, uma vez que, de acordo com o recente entendimento do STF, até a aprovação é possível julgar ação de controle concentrado de inconstitucionalidade em face de medida provisória ainda não confirmada. Do contrário, não haverá aceitação do controle (STF. Plenário. ADI 5717/DF; ADI 5709/DF; ADI 5727/DF, Rel. Min. Rosa Weber. Data de Julgamento: 27/03/2019).

Os decretos legislativos, consistentes na manifestação do Poder Legislativo para fins de sustar ato do Poder Executivo, também estariam sujeitos ao controle de constitucionalidade, de acordo com o inciso VI do art. 59 da Constituição brasileira.

Acerca da figura geral dos decretos, vale ressaltar que o STF já se manifestou no sentido de que não cabe ação de controle concentrado contra decreto regulamentar de lei (STF. Tribunal Pleno. ADI 4409/SP, Rel. Min. Alexandre de Moraes. Data de Julgamento: 06/06/2018).

De toda maneira, não obstante o rol do art. 59 da Constituição brasileira, não há previsão de controle de constitucionalidade de atos normativos privados, a exemplo maior de contratos firmados entre particulares. Contudo, de acordo com a doutrina, é possível o controle de constitucionalidade na modalidade difusa de tais atos normativos (Moraes, 2017, p. 829).

Ademais, imperioso notar que tratados internacionais, quando incorporados ao ordenamento jurídico brasileiro, também poderão ser objeto de controle de constitucionalidade (Pagliarini; Dimoulis, 2012), inclusive preventivamente (quando aprovados, mas não publicados), considerando as consequências que podem decorrer da declaração de inconstitucionalidade (Ferraz, 1999, p. 285).

Para saber mais sobre o assunto referente aos tratados internacionais, veja a temática do controle de convencionalidade, tópico de estudos da presente obra.

Vislumbrado que a lei é aquela tomada como qualquer espécie presente no art. 59 da Constituição, vale conhecer o que se entende por *atos normativos*, na medida que se sujetariam ao controle de constitucionalidade.

De modo geral, por *ato normativo* pode-se compreender "uma norma jurídica que estabelece ou sugere condutas de modo geral e abstrato, ou seja, sem destinatários específicos e tratando de hipóteses" (Brasil, 2017, p. 4).

Para elucidar, o doutrinador Alexandre de Moraes (2017, p. 659) cita os seguintes exemplos de atos normativos: resoluções administrativas dos tribunais e "atos estatais de conteúdo meramente derrogatório, como as resoluções administrativas, desde que incidam sobre atos de caráter normativo".

Assim, de modo geral, atos normativos são sujeitos a controle de constitucionalidade.

Por outro lado, quanto ao objeto, podemos extrair que haverá leis e atos normativos que não estão afetos ao controle de constitucionalidade.

Em relação às normas, o exemplo maior são as normas constitucionais originárias, ou seja, aquelas inscritas na constituição quando do advento do poder constituinte, na realização e na construção de um novo Estado.

Ou seja, as normas originárias cuidam de manifestação do poder constituinte originário, o qual é, em sua essência, incondicionado, inicial e autônomo (Carvalho, 2008, p. 254).

Por outro lado, as normas constitucionais fruto do poder constituinte derivado são plenamente submetidas ao controle de constitucionalidade.

Em síntese

Para recordar	Conceitos	Controle de constitucionalidade
Poder constituinte originário	■ Formalmente, é o ato de criação propriamente dito da Constituição. ■ É inicial, autônomo, incondicionado.	Não está sujeito. (×××)
Poder constituinte derivado	■ É o poder de alterar a Constituição (Exemplo: emendas constitucionais). ■ É derivado, limitado e condicionado.	Está sujeito. (✓✓✓)

Em relação às normas já havidas no ordenamento jurídico, salientamos que o Brasil adotou a teoria da recepção, advinda de Hans Kelsen. Assim sendo, as normas infraconstitucionais incompatíveis com a nova Constituição não são propriamente inconstitucionais, ou seja, não são recepcionadas pelo novo ordenamento jurídico e, assim, são revogáveis.

Conforme explica José Tarcízio de Almeida Melo (2008, p. 1298): "A teoria da recepção tem valor político e pragmático muito elevado para acomodar grandes estruturas normativas e evitar importantes vácuos entre a promulgação constitucional e a adoção da lei prometida pela Constituição".

Também não estão sujeitas ao controle de constitucionalidade, de acordo com parte da doutrina, as súmulas, que nada mais são que enunciados que dispõem sobre a jurisprudência dos tribunais.

Não poderiam as súmulas ser objeto de controle de constitucionalidade, pois não possuiriam o caráter de generalidade e de abstração (Barroso, 2012, p. 121), além de contar com outros mecanismos de controle em face de tal figura, a exemplo maior da Reclamação e do pedido de revisão e de cancelamento da súmula.

Contudo, apesar de não ser o entendimento dominante no âmbito da doutrina e do posicionamento dos ministros do STF, há doutrinadores, como Dirley da Cunha Junior, que defendem que a súmula pode ser, sim, objeto de controle de constitucionalidade (Carvalho, 2008, p. 444).

> Para fins gerais, as súmulas proferidas pelos tribunais não podem ser objeto de controle de constitucionalidade.

Salientamos, mais uma vez, que, para fins gerais, as súmulas proferidas pelos tribunais não podem ser objeto de controle de constitucionalidade.

Por fim, as normas com efeitos concretos também não estariam sujeitas a controle de constitucionalidade, uma vez que, na mesma lógica da figura da súmula, não seriam dotadas de abstração ou generalidade, mas seriam normas pertinentes a casos concretos específicos, apenas realizadas sob uma roupagem legal (Mendes; Branco, 2015, p. 91).

Segundo a doutrina constitucionalista, são casos de normas de efeitos concretos, em rol meramente exemplificativo (Giustina, 2006, p. 164; Meirelles, 2016, p. 204-205; Moraes, 2017, p. 619):

- Leis estaduais criadoras de municípios, de acordo com o art. 18, parágrafo 4º, da Constituição brasileira.
  Exemplo fático: Lei Estadual n. 8.530/1992, que criou o município de Novo Horizonte, em Santa Catarina.
- Normas ou atos normativos que estabeleçam pagamento de indenização a determinada(s) pessoa(s).
  Exemplo fático: Decreto n. 6.185/2007, que autorizou a Secretaria Especial dos Direitos Humanos da Presidência da República a dar cumprimento à sentença exarada pela Corte Interamericana de Direitos Humanos, para fins de pagamento de reparação monetária devida e fixada internacionalmente, no âmbito do sistema interamericano de direitos humanos.
- Normas ou atos normativos que estabeleçam tombamento de bem imóvel.
  Observação: O tombamento é espécie de intervenção do Estado na propriedade, para fins de manutenção das características do bem em razão de sua importância histórica e cultural e do interesse público.
  Exemplo fático: Tombamento do Teatro Municipal de São Paulo, conforme Resolução n. 49, de 23 de dezembro de 1981.
- Leis instituidoras de autarquias ou fundações públicas.
  Exemplo fático: Lei n. 8.405/1992, que instituiu como fundação pública a Coordenação de Aperfeiçoamento de Pessoal de Nível Superior (Capes).

Mais especificamente, é a conceituação de norma de efeitos concretos conferida pelo STF (2018d):

As leis de efeitos concretos consistem em ato legislativo por exigência formal, ao passo que veicula no conteúdo atos administrativos concretos e imediatos direcionados a sujeitos individualizáveis. Assim, não apresentam mandamentos genéricos ou abstratos, assim como tendem a exaurir sua eficácia jurídica, após a execução dos atos previstos.

O decreto regulamentar de lei, de acordo com a recente jurisprudência do STF, também não é alvo de controle de constitucionalidade, porquanto possui efeitos concretos. Veja a decisão do tribunal, de acordo com o STF (2018b):

> A Ação Direta de Inconstitucionalidade (ADI) é meio processual inadequado para o controle de decreto regulamentar de lei estadual. Seria possível a propositura de ADI se fosse um decreto autônomo. Mas sendo um decreto que apenas regulamenta a lei, não é hipótese de cabimento de ADI. (STF. Plenário. ADI 4409/SP, Rel. Min. Alexandre de Moraes, DJ: 06/06/2018)

Por outro lado, frisamos que, de acordo com o entendimento do Supremo em consolidada jurisprudência, não existe qualquer óbice de que o ato normativo ou a própria lei possam ter destinatários específicos, de forma a não ensejar a definição de norma dotada com efeitos concretos.

Por outro lado, vale o cuidado de que o STF, em Plenário, no julgamento da ADI 5449/MG, adotou o entendimento de que é possível a impugnação, em sede de controle abstrato de constitucionalidade, de leis orçamentárias, não podendo estas serem consideradas como normas de efeitos concretos (STF. Plenário. ADI 5449 MC-Referendo/RR, Rel. Min. Teori Zavascki. Data de Julgamento: 10/03/2016). Cuidou-se de uma mudança no entendimento do Tribunal, uma vez que antes as leis orçamentárias eram consideradas como leis dotadas de efeitos concretos.

O assunto como cobrado em concurso público

É imprescindível saber que as leis orçamentárias são tomadas como possíveis para fins de controle de constitucionalidade, conforme recente entendimento conferido pelo STF.

O candidato ciente de tal posicionamento conseguiria responder plenamente à questão feita pela banca Cespe, a qual, em 2017, na prova objetiva para o cargo de Procurador do Estado de Sergipe (SE), perguntou sobre leis orçamentárias enquanto objetos de controle de constitucionalidade.

Verifique a questão feita e procure respondê-la.

(CESPE – 2017 – PGE-SE, Procurador do Estado) Determinado estado da Federação promulgou sua lei orçamentária anual, a qual teve sua constitucionalidade contestada em sede de controle abstrato de constitucionalidade, sob o argumento de que ela não teria dado oportunidade, na fase de elaboração do seu texto, de participação aos cidadãos, bem como que teria desrespeitado os marcos temporais do ciclo orçamentário estabelecidos pela lei estadual a que deu aplicação.

Quanto à situação hipotética apresentada, assinale a opção correta.

A) É admissível, segundo entendimento do STF, o controle abstrato de constitucionalidade de lei orçamentária anual, independentemente do caráter abstrato ou concreto do seu objeto.

B) A constitucionalidade da lei em questão não poderia ter sido questionada, uma vez que o orçamento participativo não tem previsão legal.

C) A constitucionalidade da lei em apreço foi corretamente questionada, pois os estados devem cumprir o prazo de envio e devolução do projeto de lei orçamentária, sendo impedidos de fixar outros marcos temporais.

D) A participação popular é prevista apenas na fase de discussão do projeto de lei orçamentária, não sendo extensiva à fase de elaboração do texto legal.

E) A declaração de inconstitucionalidade da lei possibilitará a aplicação de lei municipal suplementar que verse sobre direito financeiro, mesmo que inexista interesse local.

Gabarito oficial: A.

Comentário: Conforme visto, atualmente as leis orçamentárias podem ser alvo de controle de constitucionalidade. Nesse sentido, veja: STF. Plenário. ADI 5449/RR, Rel. Min. Teori Zavascki. Data de Julgamento: 10/03/2016.

Por fim, outro objeto do qual não cabe controle de constitucionalidade refere-se à figura do veto, ou seja, à discordância do Poder Executivo (presidente da república, governador de estado ou prefeito municipal) a projetos de lei, quando motivado e fundamentado por razões políticas.

Veja-se que o veto pode ser tanto jurídico, com base em um controle preventivo constitucional, quanto político, motivado pelo interesse público (Tavares, 2019, p. 249). É nesse último caso, do veto político, que não tem cabimento o controle de constitucionalidade, uma vez que o Poder Judiciário não pode adentrar nos critérios de conveniência e oportunidade, definindo o que é interesse público.

Veja o resumo na sequência.

Em síntese

Veto = discordância do chefe do Poder Executivo contra determinado projeto de lei.

Veto jurídico	Veto político
Forma de controle prévio de constitucionalidade. ■ Art. 66, § 1º da CRFB.	Forma de controle político baseado no interesse público, conforme critérios de conveniência e oportunidade.
Já consubstancia, em si, um controle prévio de constitucionalidade.	Não cabe controle de constitucionalidade sobre tal decisão política.

No geral, também vale frisar que o controle de constitucionalidade não se confunde com o controle de legalidade. Em linhas gerais, há ilegalidade quando determinada norma, ou ato normativo, contraria uma lei. Por exemplo, via de regra, se determinado ato normativo contrariar a lei orgânica do município, haverá ilegalidade, e não inconstitucionalidade.

Figura 1.1 – Espécies de vetos

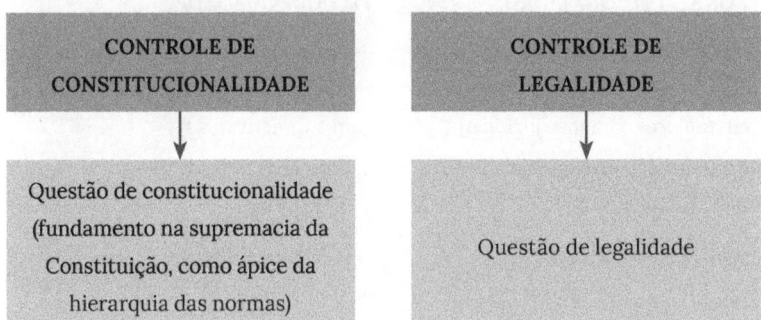

Ambos os controles dizem respeito ao critério de validade das normas, para fins de adequação. Destarte, observe o quadro a seguir acerca do objeto do controle de constitucionalidade.

Quadro 1.1 – Quanto ao objeto do controle de constitucionalidade

Estão sujeitos a controle de constitucionalidade (Art. 59, CRFB)	Não estão sujeitos a controle de constitucionalidade
■ Emendas constitucionais.	■ Normas constitucionais originárias.
■ Leis complementares, leis ordinárias e leis delegadas.	■ Súmulas.
■ Medidas Provisórias.	■ Normas de efeitos concretos.
■ Decretos legislativos.	■ Decreto regulamentar de lei.
■ Resoluções.	■ Veto político do chefe do Poder Executivo (decisão política).

Para sintetizar todo o exposto, veja o resumo apresentado a seguir.

Em síntese

PARÂMETRO DO CONTROLE DE CONSTITUCIONALIDADE	OBJETO DO CONTROLE DE CONSTITUCIONALIDADE
(Padrão de comparação para verificação da harmonização das normas em um ordenamento jurídico)	(Norma ou ato normativo alvo de verificação da sua compatibilidade com a Constituição)
Constituição da República Federativa Brasileira.	Leis ou atos normativos. ■ Art. 59, CRFB.
Constituição Estadual.	Leis ou atos normativos estaduais ou municipais.

Estabelecidos o parâmetro e o objeto possível do controle de constitucionalidade, vale o conhecimento, de acordo com a classificação doutrinária, dos principais tipos de inconstitucionalidade, ora analisados sob a perspectiva principal da atual Constituição brasileira e correlato entendimento doutrinário e jurisprudencial.

— 1.2 —

Principais tipos de inconstitucionalidade

Vistos o parâmetro e o objeto do controle de constitucionalidade, assim como os conceitos de tal controle, tem-se que a inconstitucionalidade daquilo que pode ser objeto de controle será total ou parcial.

Será **total** quando todo o texto de uma lei ou ato normativo é declarado inconstitucional, nada podendo se aproveitar (Tavares, 2019, p. 252). Como exemplo, podemos pensar em uma lei complementar devidamente promulgada e publicada, mas sem respeito ao processo legislativo e à regra procedimental, em inobservância à Constituição, principalmente ao art. 69, que dispõe sobre o processo legislativo da lei complementar.

Por outro lado, a inconstitucionalidade pode ser **parcial**, consubstanciando o princípio da parcelaridade, consistente na possibilidade de o tribunal julgar e declarar inconstitucional apenas parte do texto da lei ou do ato normativo que estiver em conflito com a Constituição, com a consequente manutenção da parcela compatível constitucionalmente. Nesse caso, declara-se apenas parte do texto como inconstitucional, ainda permanecendo a lei em vigor, mas extraindo-se a inconstitucionalidade de apenas uma parte dela (exemplo: apenas um artigo dentro de toda lei).

Na prática, podemos citar o entendimento do STF no sentido de que, no Código Civil – Lei n. 10.406, de 10 de janeiro de 2002 (Brasil, 2002) –, é inconstitucional a atribuição do Ministério Público Federal (MPF) de zelar por fundações do âmbito do Distrito Federal, conforme antiga redação do parágrafo 1º do art. 66 do Código Civil, atualmente modificado por força da Lei 13.151/2015, que alterou a redação do dispositivo.

Veja-se que, nessa situação, o Supremo não declarou o Código Civil inteiramente inconstitucional, mas apenas parte dele, referente ao dispositivo concernente às fundações do Distrito Federal, conforme a ADI 2.794-8 (STF. Plenário. ADI 2794/DF, Rel. Min. Sepúlveda Pertence. Data de Julgamento: 14/12/2006).

Nessa mesma linha, a inconstitucionalidade pode ser classificada como *direta* (expressa ou imediata) ou *indireta* (não expressa ou mediata).

Quando a norma ou o ato normativo viola dispositivo explícito do texto constitucional, diz-se que há a *inconstitucionalidade* **direta**.

Como exemplo real, podemos citar o caso de violação ao princípio da livre iniciativa – insculpido no art. 1º, inciso IV, bem como no art. 170, ambos da Constituição brasileira – de leis que obrigavam os supermercados a manterem a função do empacotador de compras (STF. Plenário. RE 839950/RS, Rel. Min. Luiz Fux. Data de julgamento: 24/10/2018. Repercussão Geral).

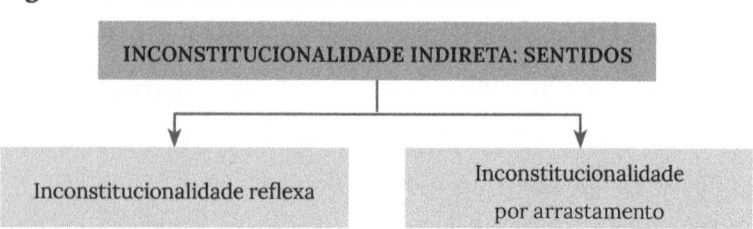

Já a inconstitucionalidade **indireta** é tomada sob dois enfoques, podendo ser compreendida tanto no sentido de inconstitucionalidade reflexa como de inconstitucionalidade por arrastamento.

Figura 1.2 – Inconstitucionalidade indireta

INCONSTITUCIONALIDADE INDIRETA: SENTIDOS	
Inconstitucionalidade reflexa	Inconstitucionalidade por arrastamento

De acordo com o conceito de André Puccinelli Júnior (2013, p. 125-126), a inconstitucionalidade indireta reflexa ocorre quando "a lesão impacta de forma direta sobre norma interposta entre o ato violador e a Constituição, refletindo apenas indiretamente sobre esta última".

Ao seu turno, a inconstitucionalidade por arrastamento, também denominada *inconstitucionalidade por atração*, impõe o reconhecimento de que há dependência ou interdependência entre dispositivos de norma impugnada, o que pode justificar a declaração de inconstitucionalidade por parte de dispositivos que não estejam incluídos na ação (Mendes; Branco, 2015, p. 1309-1310).

Em outras palavras, a inconstitucionalidade por arrastamento significa que a declaração de inconstitucionalidade de um dispositivo legal gera a inconstitucionalidade de outro dispositivo, em influência em razão da dependência ou da interdependência entre tais dispositivos, por consequência lógica.

Como exemplo, podemos citar a declaração de inconstitucionalidade por arrastamento das normas impugnadas de decreto regulamentar, em virtude da relação de dependência com a lei impugnada (STF. Plenário. ADI 2158/PR, Relator. Min. Dias Toffoli. Data de julgamento: 15/09/2010).

O assunto como cobrado em concurso público

A expressão *inconstitucionalidade por arrastamento* é alvo de diversas questões de concursos públicos, de modo que é imprescindível a fixação de seu conceito.

Assim, em 2018, o candidato a Procurador do Município de Manaus, capital do Amazonas, foi questionado pela banca Cespe a respeito do tema.

Procure resolver a questão a seguir nos moldes como foi colocada no certame público de primeira fase.

(CESPE – 2018 – PGM/Manaus – AM, Procurador do Município) No tocante às técnicas de decisão em sede de controle abstrato, julgue o item que se segue.

Se a inconstitucionalidade de uma norma atinge outra, tem-se a denominada inconstitucionalidade consequencial ou por arrastamento.

( ) Certo

( ) Errado

Gabarito oficial: Certo.

Comentário: A questão traz justamente a conceituação de inconstitucionalidade por arrastamento, conforme visto neste tópico.

A doutrina constitucionalista ainda pode diferenciar a inconstitucionalidade por arrastamento em *horizontal* e *vertical*. Assim, conforme a própria nomenclatura indica, haverá arrastamento horizontal quando a declaração de inconstitucionalidade recair sobre outras normas de mesmo nível hierárquico; por outro lado, haverá o arrastamento vertical quando a declaração de inconstitucionalidade recair sobre normas hierarquicamente distintas. A figura a seguir traz o resumo desse assunto.

Figura 1.3 – Inconstiticionalidade por arrastamento

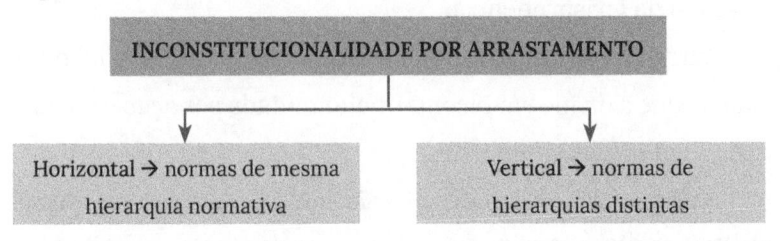

```
           INCONSTITUCIONALIDADE POR ARRASTAMENTO
                    │                │
                    ▼                ▼
     Horizontal → normas de mesma   Vertical → normas de
        hierarquia normativa         hierarquias distintas
```

Acerca do tema, vale frisar que as causas em ação de controle concentrado de constitucionalidade possuem causa de pedir aberta, dado que "o Supremo Tribunal Federal é o guardião da Constituição, e não apenas dos preceitos que o autor da ação reputa violados" (Ferreira, 2018, p. 67-68).

Nesse sentido, assim já se pronunciou o STF (2017):

> O STF, ao julgar as ações de controle abstrato de constitucionalidade, não está vinculado aos fundamentos jurídicos invocados pelo autor. Assim, pode-se dizer que na ADI, ADC

e ADPF, a causa de pedir (causa petendi) é aberta. Isso significa que todo e qualquer dispositivo da Constituição Federal ou do restante do bloco de constitucionalidade poderá ser utilizado pelo STF como fundamento jurídico para declarar uma lei ou ato normativo inconstitucional. (STF. Plenário. ADI 3796/PR, Rel. Min. Gilmar Mendes. Data de julgamento: 08/3/2017)

Para saber mais sobre o controle concentrado de constitucionalidade, não deixe de ler, nesta presente obra, o Capítulo 3, que trata especificamente sobre a temática à luz do direito brasileiro e da jurisprudência.

Outra classificação tipológica da inconstitucionalidade é aquela que a divide em *inconstitucionalidade por ação* e *inconstitucionalidade por omissão*.

A **inconstitucionalidade por ação**, nas palavras de José Afonso da Silva (2018, p. 59), "ocorre com a produção de atos legislativos ou administrativos que contrariem normas ou princípios da constituição". Em outras palavras: é aquela em que uma lei ou um ato normativo violam a Constituição. Como exemplo, podemos citar as situações de inconstitucionalidade formal de lei por violação ao processo legislativo previsto na Constituição.

Já a **inconstitucionalidade por omissão**, como o próprio termo sugere, diz respeito à inconstitucionalidade derivada da omissão dos poderes do Estado (Poder Legislativo, Poder Executivo ou Poder Judiciário), quando deveriam agir no cumprimento de imposições constitucionais (Canotilho, 2008, p. 1032).

Dois exemplos podem ser dados com base nos ditames da Constituição da República Brasileira:

1) A necessidade de o Poder Legislativo realizar lei que discipline o direito de greve dos servidores públicos, garantidos pelo constituinte originário (artigo 9º, §1º da Constituição Brasileira);

2) A necessidade de repressão e criminalização, por meio de lei penal, em respeito aos denominados "mandados de criminalização", sendo a Constituição Brasileira reconhecida como um dos textos normativos constitucionais mundo afora com o mais amplo catálogo expresso. (Mendes; Branco, 2015, p. 3197)

O combate à inconstitucionalidade por omissão é estudado na presente obra quando na análise da Ação Direta de Inconstitucionalidade por Omissão (ADO), bem como é vislumbrada, na modalidade difusa, por meio da figura do Mandado de Injunção, elucidado de maneira breve neste livro.

Observe o resumo a seguir, acerca da classificação do controle de constitucionalidade.

Em síntese

Inconstitucionalidade por ação	Inconstitucionalidade por omissão
Lei ou ato normativo violadores da Constituição.	Ausência (omissão total) ou insuficiência (omissão parcial) de lei ou ato normativo, em desatendimento à Constituição.

Outro tipo de inconstitucionalidade refere-se ao tempo, fator relevante no Direito Constitucional (Carvalho, 2008, p. 170). Assim, a inconstitucionalidade pode ser originária ou, ainda, superveniente.

A **inconstitucionalidade originária**, portanto, é aquela na qual a lei, ou o ato normativo, é editada após o advento da Constituição, ou seja, analisa-se a compatibilidade com o texto constitucional já em vigor.

Como exemplo fático, podemos citar a inconstitucionalidade do art. 1.790 do Código Civil de 2002, que previa a diferença entre *cônjuge* e *companheiro* para fins sucessórios, em face da Constituição de 1988 (STF. Plenário. RE 646721/RS, Rel. Min. Marco Aurélio; Min. Roberto Barroso; RE 878694/MG, Rel. Min. Roberto Barroso. Data de Julgamento: 10/05/2017).

De outra via, a inconstitucionalidade superveniente designa a "relação de incompatibilidade entre as normas anteriores à entrada em vigor de uma Constituição e esta, que lhes é posterior" (Tavares, 2019, p. 199).

Contudo, no Brasil não se admite o controle de constitucionalidade superveniente. Isso porque, no ordenamento jurídico brasileiro, adotou-se a ideia de recepção ou não recepção da norma, conforme a teoria da recepção.

Nessa situação, as normas anteriores ao advento da Constituição, acaso incompatíveis com o texto constitucionais, seriam revogadas (não recepcionadas) e não consideradas inconstitucionais.

Nesse sentido, temos como exemplo a impugnação de ato estatal editado anteriormente à vigência da Constituição brasileira de 1988 (STF. ADIQO-7/DF, Rel. Min. Celso de Mello. Data de julgamento: 07/02/1992).

Conforme recorda André Ramos Tavares (2019, p. 199), vale o cuidado de que a expressão *inconstitucionalidade superveniente* também é utilizada para designar o fenômeno de mutação, ou seja, caso em que "uma norma editada sob a vigência de uma Constituição, e com ela considerada compatível até então, perde seu fundamento de validade em virtude de interpretação diversa da que até então era conferida à norma constitucional que lhe servia de fundamento". Essa última acepção é admitida no Brasil.

Assim sendo, como exemplo fático de caso de inconstitucionalidade superveniente com o sentido de mutação, cabe menção ao entendimento do STF quanto ao uso de amianto, produto tóxico para a saúde humana. Mais especificamente, entendeu o tribunal que o art. 2º da Lei n. 9.055/1995, que autorizava atividades com uso de amianto, é inconstitucional, uma vez que houve o fenômeno da inconstitucionalidade superveniente (STF. Plenário. ADI 3937/SP, Rel. Min. Marco Aurélio, red. p/ o ac. Min. Dias Toffoli. Data de julgamento: 24/08/2017).

Acerca da inconstitucionalidade superveniente, observe o resumo a seguir.

Em síntese

Sentidos do termo *inconstitucionalidade superveniente*	
Leis/atos normativos anteriores à vigência da Constituição brasileira.	Faz parte do fenômeno de mutação constitucional.
Não se admite no Brasil (✘✘✘).	Admitida no Brasil (✓✓✓).
Observação: Brasil adotou a teoria da recepção.	

Por fim, a inconstitucionalidade poderá ser formal ou, ainda, material.

A **inconstitucionalidade formal** (inconstitucionalidade *nomodinâmica*) é aquela que diz respeito à violação ao processo legislativo (conhecida também como *inconstitucionalidade formal propriamente dita*) ou, ainda, à competência legislativa (denominada *inconstitucionalidade formal orgânica*). Ainda, há autores, como Nelson de Souza Sampaio (2002, p. 233), que também mencionam a existência de inconstitucionalidade formal temporal, referindo-se à norma ou ao ato normativo realizados em momento vedado pela Constituição.

Para exemplificar cada um:

- **Inconstitucionalidade formal propriamente dita**: Conforme explicação de Luís Roberto Barroso (2012), podemos mencionar como exemplo o vício de iniciativa das leis, um dos mais comuns. Assim, "se um parlamentar apresentar projeto de lei criando cargo público, modificando o estatuto da magistratura ou criando atribuições para o Ministério Público, ocorrerá inconstitucionalidade formal por vício de iniciativa" (Barroso, 2012, p. 37).

- **Inconstitucionalidade formal orgânica**: É formalmente inconstitucional lei municipal que preveja que o Poder Executivo poderá conceder autorização para que sejam explorados serviços de radiodifusão no município, uma vez que a Constituição, no art. 22, inciso IV, confere à União a competência privativa para legislar sobre radiodifusão, consoante entendimento do STF (STF. Plenário. ADPF 235/TO, Rel. Min. Luiz Fux. Data de Julgamento: 14/08/2019).
- **Inconstitucionalidade formal temporal**: Edição de emenda constitucional durante intervenção federal, estado de defesa ou estado de sítio, em violação ao art. 60, parágrafo 1º, da Constituição brasileira.

Nesse sentido, observe o quadro sintético a seguir.

Em síntese

Inconstitucionalidade formal (nomodinâmica): espécies		
Inconstitucionalidade formal propriamente dita	Violação ao processo legislativo.	**Exemplo**: Parlamentar que crie novas atribuições aos magistrados.
Inconstitucionalidade formal orgânica	Violação à competência legislativa.	**Exemplo**: Edição de lei municipal que confira ao Poder Executivo municipal a autorização da exploração e o funcionamento de rádios na cidade (STF, 2019; Info. 947).

(cotinua)

(conclusão)

Inconstitucionalidade formal (nomodinâmica): espécies		
Inconstitucionalidade formal temporal (Nelson de Souza Sampaio, 2002)	Violação à vedação constitucional de edição de leis em determinados períodos.	**Exemplo:** Edição de emenda constitucional durante intervenção federal, estado de defesa ou estado de sítio.

Ao seu turno, a **inconstitucionalidade material** (denominada *inconstitucionalidade nomoestática*), de acordo com Luís Roberto Barroso (2012, p. 42), será aquela cujo conteúdo da norma ou ato normativo estiver contrária com alguma norma substantiva do texto constitucional.

Como exemplo de inconstitucionalidade material (nomoestática), podemos imaginar determinada lei ou ato normativo que traga a possibilidade de trabalho infantil noturno, perigoso ou insalubre a menores de 18 (dezoito) anos, em clara violação ao art. 7º, inciso XXXIII, da Constituição brasileira, que proíbe o trabalho infantil nessas condições.

O assunto como cobrado em concurso público

A diferença entre inconstitucionalidade formal e inconstitucionalidade material é imprescindível ao candidato em provas de concursos públicos que abarquem a disciplina de Direito Constitucional.

Nesse sentido, em 2016, o candidato ao cargo de Delegado da Polícia Civil do Estado do Pará devia ter conhecimento do assunto na primeira fase do certame público.

Veja a questão a seguir e procure resolvê-la.

(FUNCAB 2016 – PC-PA, Delegado de Polícia Civil) No tocante ao controle de constitucionalidade, na hipótese de recente lei ordinária dispensar o contraditório em processo administrativo que objetiva a imposição de sanções a servidores públicos, é correto afirmar que o referido ato normativo padeceria de inconstitucionalidade:

A) superveniente.

B) nomodinâmica.

C) nomoestática.

D) formal subjetiva.

E) formal objetiva.

Gabarito oficial: C.

Comentário: Conforme visto, a lei que possua um vício no conteúdo, como é a situação apresentada pela questão (dispensa do contraditório em processo administrativo, em desrespeito à norma constitucional), estará eivada de inconstitucionalidade material, também denominada *inconstitucionalidade nomoestática*.

Outras tipologias de inconstitucionalidade podem ser trazidas à baila pela doutrina. De todo modo, aqui apresentamos as principais, de conhecimento imprescindível. Veja o quadro-resumo a seguir.

Em síntese

Principais tipos de inconstitucionalidade	
Inconstitucionalidade total → Todo o texto é inconstitucional.	**Inconstitucionalidade parcial** → Apenas parte da norma/do ato normativo é incompatível com a Constituição.
Inconstitucionalidade direta (expressa; imediata) → Violação ao dispositivo explícito do texto constitucional.	**Inconstitucionalidade indireta** (não expressa; mediata) → Violação à norma constitucional implícita.
Inconstitucionalidade por ação → Violação de lei ou ato normativo ao texto constitucional.	**Inconstitucionalidade por omissão** → Inobservância dos deveres constitucionais.
Inconstitucionalidade originária → Violação de lei ou ato normativo editado após o advento da Constituição.	**Inconstitucionalidade superveniente** → Violação de lei ou ato normativo editado anteriormente ao advento da Constituição. **Observação 1:** NÃO é aceita no Brasil. Adota-se a teoria da recepção. **Observação 2:** Inconstitucionalidade superveniente = mutação da relação entre lei/ato normativo e a CRFB.
Inconstitucionalidade formal → Violação a processo legislativo, competência ou critério temporal.	**Inconstitucionalidade material** → Violação à norma material constitucional.

Resta verificar as principais classificações de inconstitucionalidade para o alcance das finalidades de proteção constitucional (já que é norma suprema de todo um ordenamento jurídico) e, também, a garantia de direitos fundamentais em um Estado de Direito.

— 1.3 —
Classificações do controle de constitucionalidade quanto ao órgão controlador

No que concerne ao órgão que realiza o controle de constitucionalidade, ou seja, o órgão que fiscaliza as normas internas, pode o controle de constitucionalidade ser exercido por órgão político, compondo o que se denomina *controle político de constitucionalidade*, ou por órgão jurisdicional, chamado de *controle jurisdicional de constitucionalidade*. Há, ainda, um controle misto, em combinação com órgãos políticos e jurisdicionais.

Observe cada um desses critérios na sequência, de acordo com as normas constitucionais, a doutrina e a jurisprudência atualizada.

— 1.3.1 —
O controle político de constitucionalidade

O controle de constitucionalidade pode ser definido e classificado quanto ao órgão controlador e sua natureza (política, jurisdicional ou mista).

Assim sendo, o controle de constitucionalidade é dividido em *controle político*, indicando-se, nesse caso, os órgãos estatais sem poder jurisdicional, e *controle jurisdicional*, exercido por meio do Poder Judiciário (Tavares, 2019, p. 248).

Outrossim, há controle em que coexistem órgãos políticos e órgãos jurisdicionais enquanto fiscalizadores da norma constitucional, ao que a doutrina denomina *controle misto de constitucionalidade*.

De maneira sumária, o controle político de constitucionalidade é aquele efetuado por cortes, tribunais constitucionais ou órgãos dotados de natureza política (ou seja: não pertencentes ao Poder Judiciário), com a função de analisar a constitucionalidade dos atos normativos no caso concreto.

Não é a regra geral no Brasil, mas o controle político de constitucionalidade pode ser visto em ordenamentos jurídicos como os da França, da Alemanha e da Espanha, que adotam o modelo europeu de controle de constitucionalidade (Tavares, 2019, p. 916-918).

Conforme relatou José Tarcízio de Almeida Melo (2008, p. 149), os europeus, sobretudo os italianos, frustraram-se com os controles exercidos pelo Poder Judiciário, em que juízes usaram suas habilidades em hermenêutica muito mais no sentido de evitar a aplicação da norma constitucional.

Atenção!

Salientamos que a presente obra não visa ao estudo do sistema político próprio dos países europeus, mas apenas elucidar a classificação do controle de constitucionalidade quanto à natureza do órgão que exerce tal controle e sua interseccionalidade com outros sistemas, sempre com foco maior no ordenamento jurídico brasileiro.

Assim, não obstante não ser a regra geral no Brasil, cumpre observar que, de forma excepcional, a Constituição brasileira traz, por meio dos arts. 49, inciso V, e 62, *caput* e parágrafos 5º, 8º e 9º, figuras consideradas parte de um controle político de constitucionalidade, consoante entende parte da doutrina, a exemplo de José Afonso da Silva (2018).

Segundo o art. 49, inciso V, da Constituição, é da competência exclusiva do Congresso Nacional sustar os atos normativos do Poder Executivo que exorbitem do poder regulamentar ou dos limites de delegação legislativa. Trata-se da figura do veto legislativo (Silva, 2018, p. 528), consistente na sustação de atos normativos (decretos regulamentares e leis delegadas) que exorbitem o poder legal. O art. 62, *caput* e parágrafos 5º, 8º e 9º, por seu turno, traz questões relacionadas à medida provisória.

Vale o cuidado no sentido da palavra: *controle político* não significa que é exercido por políticos, ou simplesmente feito por meio da vontade do controlador, conforme alerta André Ramos Tavares (2019). Trata-se, em realidade, de um controle que continua dotado de tecnicidade, mas chamado de *controle político* em virtude do órgão que o realiza, que é considerado político, e não jurisdicional (Tavares, 2019, p. 247-248).

Não se pode confundir o *controle político*, que considera o órgão que realiza o controle, com o denominado *controle preventivo*, ou *prévio*, que se consubstancia na fase de projeto de leis, tendo em vista que se tratam de critérios diferenciados.

O assunto como cobrado em concurso público
Apesar de o controle político de constitucionalidade não ser a regra geral do Brasil, é importante o conhecimento da classificação do controle em *político, jurisdicional* e *misto*, tratando-se de assunto imprescindível a quem presta concursos públicos.

Em 2018, o controle político foi assunto cobrado na prova objetiva para o cargo de aspirante da Polícia Militar de Pernambuco.

Confira a questão a seguir e procure respondê-la.

(UPENET/IAUPE – 2018 – PM-PE, Aspirante da Polícia Militar) Acerca do controle de constitucionalidade, analise as afirmativas a seguir:

I) No sistema político, o controle de constitucionalidade compete a órgão que não integra o Poder Judiciário.
II) No Brasil, o veto a projeto de lei do chefe do Poder Executivo e o controle de constitucionalidade realizado pela Comissão de Constituição e Justiça (CCJ) da Câmara dos Deputados são exemplos de controle político.
III) A inconstitucionalidade por ação caracteriza-se pela incompatibilidade vertical entre a Constituição e os atos inferiores (leis ou atos normativos). Trata-se de controle difuso de constitucionalidade.
IV) Na ação direta de inconstitucionalidade o controle é realizado de forma incidental, visando à garantia dos direitos subjetivos.

Está CORRETO o que se afirma, apenas, em
A) II.
B) III.
C) IV.
D) I e II.
E) I e IV.

Gabarito oficial: D.

Comentário: Ainda que a questão traga assertivas sobre assuntos que ainda não foram elucidados, vale a verificação das duas primeiras assertivas (I e II), dado que são aquelas que versam sobre o controle político.

Assim sendo, a assertiva I está correta, na medida em que o órgão político é justamente assim denominado por não integrar o Poder Judiciário, não deter jurisdicionalidade, conforme visto no tópico desta obra.

A assertiva II, ao seu turno, traz justamente as exceções à regra geral do Brasil. Nesse sentido, a obra expôs que o controle político não é a regra, mas a própria Constituição traz exceções, conferindo possibilidade de controle por órgão político.

Sobre esse assunto, observe o resumo a seguir.

Em síntese

Controle de constitucionalidade quanto à natureza do órgão controlador	
Controle político	Exercido por órgão político → experiência dos países europeus.
	Observação: NÃO é regra geral no Brasil.
	Exceções:
	■ Art. 49, V, CRFB.
	■ Art. 62, *caput* e §§ 5º, 8º e 9º, CRFB.
Controle jurisdicional	Exercido por órgão jurisdicional.
Controle misto	Órgão político + órgão jurisdicional.

Trataremos do controle jurisdicional e do controle misto mais detalhadamente na sequência.

— 1.3.2 —
O controle jurisdicional de constitucionalidade

De forma singela, o controle denominado *jurisdicional* é aquele realizado pelo Poder Judiciário enquanto poder do Estado dotado de juridicidade e com as garantias deste. Conforme explicita Manoel Gonçalves Ferreira Filho (2018, p. 57):

> O controle judiciário tem por si a naturalidade. De fato, a verificação de constitucionalidade não é senão um caso particular de verificação de legalidade, ou seja, da verificação da concordância de um ato qualquer, como de um regulamento, à lei, tarefa que rotineiramente é desempenhada pelo Judiciário. O mesmo argumento milita em favor de que todo juiz possa exercê-lo nos casos de sua competência.

Nessa medida, o controle jurisdicional pode ser realizado tanto pela via difusa, em que a todo e qualquer juiz é dado analisar a constitucionalidade das normas, quanto pela via concentrada, quando a apreciação da constitucionalidade é reservada a um único órgão jurisdicional

O controle jurisdicional difuso é aquele próprio dos Estados Unidos (sistema norte-americano), ao passo que o controle jurisdicional concentrado é o modelo empregado pelo sistema europeu. Mais à frente trataremos mais especificamente sobre o controle difuso (Capítulo 2) e o controle concentrado (Capítulo 3).

Observe o quadro-resumo na sequência.

Em síntese

Controle jurisdicional das normas

- Difuso → Qualquer órgão jurisdicional pode analisar a constitucionalidade das normas (sistema norte-americano).
- Concentrado → O controle de constitucionalidade é concentrado em um único órgão jurisdicional (sistema europeu).

Cuida-se, pois, de controle relevante, na medida em que é uma condição de possibilidade do próprio Estado Democrático de Direito, vez que serve para afirmar o fundamento de validade do ordenamento e da atividade político-estatal (Streck, 2017, p. 47).

No ponto, ao analisarmos o controle de constitucionalidade em nossa realidade brasileira, constatamos que o tema é multidisciplinar, com incidência em questões básicas das relações jurídicas. Vale dizer: o controle de constitucionalidade traz impactos não só ao Direito Constitucional, mas também a outras áreas jurídicas.

O controle brasileiro, por exemplo, é eminentemente um controle jurisdicional. De acordo com parte da doutrina constitucionalista, o controle de constitucionalidade brasileiro é classificado como um controle misto (denominado também *controle híbrido*), dado que a Constituição brasileira permite tanto o controle jurisdicional quanto o controle político (na atuação do Poder Legislativo e do Poder Executivo).

> É preciso lembrar: o Brasil adota o sistema de controle jurisdicional de constitucionalidade. Trata-se de ponto pacífico, fornecido pela própria Constituição em seu art. 102, *caput*, quando confere ao STF, precipuamente, a guarda da Constituição.

No Brasil, a jurisdição constitucional foi baseada, primeiramente, no sistema norte-americano de controle jurisdicional, com a adoção do controle difuso a partir da primeira República.

Posteriormente, houve a adoção do modelo europeu (também conhecido como *modelo austríaco*) de controle de constitucionalidade, com a modalidade concentrada como possibilidade de fiscalização das normas no ordenamento jurídico brasileiro.

Ao longo da presente obra, analisaremos o controle de constitucionalidade a partir do marco legal conferido pela Constituição brasileira de 1988, mas sem olvidar a importância histórica do controle de constitucionalidade.

O assunto como cobrado em concurso público

O controle jurisdicional de constitucionalidade e suas modalidades é tema essencial de conhecimento em todo e qualquer concurso público que cobre matérias constitucionais.

Exemplificando, analise a questão objetiva a seguir e procure respondê-la.

(FCC – 2018 – DPE-AM, Assistente Técnico de Defensoria, Assistente Técnico Administrativo) Dentre as modalidades de controle de constitucionalidade, considera-se controle

A) difuso de constitucionalidade aquele que pode ser exercido por todo e qualquer juiz ou tribunal.

B) concentrado de constitucionalidade aquele em que a declaração de constitucionalidade ou de inconstitucionalidade não é o objeto principal do processo judicial.

C) incidental de constitucionalidade aquele do qual resulta decisão judicial aplicável a todos, e não somente às partes do processo em que foi proferida.

D) principal ou abstrato de constitucionalidade aquele do qual resulta decisão judicial aplicável somente às partes do processo em que foi proferida.

E) político de constitucionalidade aquele exercido com exclusividade pelo Tribunal de maior hierarquia do Poder Judiciário.

Gabarito oficial: A.

> **Comentário:** Conforme visto, o controle jurisdicional pode ser exercido na modalidade difusa ou concentrada. Assim, o controle difuso nada mais é que aquele em que todo e qualquer órgão do Poder Judiciário pode averiguar a constitucionalidade das normas.

— 1.4 —
Classificação quanto ao critério temporal (momento do controle de constitucionalidade): controle preventivo e repressivo de constitucionalidade

No tocante ao momento do controle de constitucionalidade, este é classificado em *preventivo*, também denominado *controle prévio*, e em *repressivo*, também chamado de *controle posterior*. Veremos cada um deles mais detalhadamente na sequência.

— 1.4.1 —
O controle preventivo de constitucionalidade

Conforme a própria nomenclatura sinaliza, o *controle preventivo de constitucionalidade*, também denominado controle prévio, nada mais é que aquele em que o Poder analisa a compatibilidade de projetos de lei com a Constituição.

Em outras palavras: é o controle exercido antes do texto normativo tornar-se lei, uma vez que "ocorre durante o processo de maturação da lei" (Tavares, 2019, p. 1282).

Atualmente, "defende-se também o controle preventivo de tratados internacionais, tendo em vista as consequências que podem decorrer da declaração de inconstitucionalidade" (Mendes; Branco, 2015, p. 1056).

Não obstante, o controle preventivo de constitucionalidade não é a regra geral no Brasil, conforme será melhor elucidado adiante, neste tópico. Nesse sentido, acerca da questão do controle preventivo de constitucionalidade e sua relação em outros países do mundo, assim conta Manoel Gonçalves Ferreira Filho (Ferreira Filho, 2018, p. 51-52):

> Sem dúvida, grande vantagem haveria em impedir-se de modo absoluto a entrada em vigor de ato inconstitucional. Todavia, a experiência revela que toda tentativa de organizar um controle preventivo tem por efeito politizar o órgão incumbido de tal controle, que passa a apreciar a matéria segundo o que entende ser a conveniência pública e não segundo a sua concordância com a lei fundamental. Isso é mais grave ainda no que concerne à lei, que se considera, na democracia representativa, expressão da vontade geral, pois vem dar a um órgão normalmente de origem não popular uma influência decisiva na elaboração das leis.

O controle preventivo, entretanto, foi previsto em várias Constituições antigas, como é previsto nalgumas modernas. Exercia, por exemplo, esse controle preventivo o Senado conservador da Constituição francesa do ano VIII (1799), que deixou passar em brancas nuvens todas as alterações constitucionais reclamadas por Napoleão, evidentemente inconstitucionais. Mais recentemente, a Corte Constitucional austríaca, prevista na Constituição de 1920 (art. 138, n. 2), foi incumbida do controle preventivo com resultado desanimador. Ainda atualmente a Constituição francesa de 1958 o atribui, no art. 61, ao Conselho Constitucional.

No Brasil, o controle preventivo pode ser exercido pelo Poder Executivo, por meio da figura do veto, pelo Poder Legislativo, mediante as comissões avaliadoras e parlamentares, e pelo Poder Judiciário, no julgamento de Mandado de Segurança impetrado por parlamentar prejudicado.

Explicamos: quando o chefe do Poder Executivo veta determinado projeto de lei sob o fundamento de que o dispositivo legal (ou o texto inteiro do projeto) vai contra a Constituição, nada mais faz que exercer um controle prévio de constitucionalidade, com vistas a evitar um ato jurídico inconstitucional.

É o chamado *veto jurídico*, feito com base no art. 66, parágrafo 1º, da Constituição brasileira, cuja redação é a seguinte:

> Art. 66. [...]
>
> § 1º Se o Presidente da República considerar o projeto, no todo ou em parte, inconstitucional ou contrário ao interesse público, vetá-lo-á total ou parcialmente, no prazo de quinze dias úteis, contados da data do recebimento, e comunicará, dentro de quarenta e oito horas, ao Presidente do Senado Federal os motivos do veto. (Brasil, 1988a)

Ao seu turno, o controle preventivo de constitucionalidade, exercido por parte do Poder Legislativo, é realizado por meio da análise das Comissões de Constituição e Justiça (CCJ), responsáveis por "analisar o projeto de lei sujeito à apreciação da Câmara, com preocupação voltada exclusivamente para sua constitucionalidade, quer dizer, sobre o mérito do projeto" (Tavares, 2019, p. 1281). Também é realizado por meio de parlamentares, em votação ao projeto de lei.

Por fim, o Poder Judiciário pode, excepcionalmente, analisar previamente projeto de lei, nos casos de julgamento de Mandado de Segurança impetrado por parlamentar, em virtude de violação ao processo legislativo ou não observância de cláusula pétrea. Trata-se, contudo, de situação excepcional, uma vez que a regra geral é a de que não cabe utilização da via judicial para se realizar controle de constitucionalidade prévio dos atos normativos.

Assim, de modo geral, o controle prévio de constitucionalidade é realizado eminentemente em um sistema de coparticipação entre Poder Legislativo e Poder Executivo (Bulos, 2019, p. 402) e, de modo excepcional, pelo Poder Judiciário.

Sobre o assunto do controle prévio exercido por parte do Poder Judiciário brasileiro, é necessário ressaltar alguns pontos jurisprudenciais relevantes, a começar pela questão da legitimidade para impetrar Mandado de Segurança em face de projeto de lei.

Isso porque pendia o questionamento se outras pessoas, que não apenas o parlamentar prejudicado, poderiam utilizar do remédio constitucional, como Partidos Políticos e população em geral.

Não obstante, a jurisprudência do âmbito do STF já está pacífica no entendimento de que a legitimidade para impetrar o Mandado de Segurança prévio é unicamente, em caráter exclusivo, do Parlamentar prejudicado (STF. Tribunal Pleno, MS 24642/DF, Rel. Min. Carlos Velloso. Data de Julgamento: 18/02/2004).

Por consequência, não será considerada parte legítima outra pessoa senão o parlamentar prejudicado, não podendo se utilizar do *Writ* constitucional os partidos políticos ou o cidadão, por exemplo.

O assunto como cobrado em concurso público

Ainda que a questão da legitimidade do Mandado de Segurança em face de projeto de lei já seja tema pacificado pela jurisprudência, o assunto é objeto de cobrança em concursos públicos diversos, com o objetivo de se constatar se o candidato ao cargo público está ciente de quem é legitimado para fazer uso do remédio constitucional para fins de controle de constitucionalidade prévio.

Assim sendo, verifique a questão objetiva a seguir e procure respondê-la.

(CESPE – 2017 – PGE-SE, Procurador do Estado) Embora o sistema brasileiro não admita o controle jurisdicional da constitucionalidade material dos projetos de lei, a jurisprudência do STF reconhece, excepcionalmente, que tem legitimidade para impetrar mandado de segurança

A) o parlamentar ou o MP, em se tratando de proposta de emenda à CF ou projeto de lei tendente a abolir cláusula pétrea.

B) qualquer cidadão ou o MP, se o projeto de lei tender a abolir cláusula pétrea.

C) apenas o MP, caso se trate exclusivamente de proposta de emenda à CF tendente a abolir cláusula pétrea.

D) o parlamentar, para impugnar inconstitucionalidade formal no processo legislativo ou proposição tendente a abolir cláusulas pétreas.

E) a mesa de qualquer uma das casas legislativas, para impugnar inconstitucionalidade formal no processo legislativo ou proposta de emenda à CF tendente a abolir cláusulas pétreas.

Gabarito oficial: D.

Comentário: Conforme visto, a jurisprudência do STF é pacífica sobre a legitimidade do Mandado de Segurança para fins de controle de constitucionalidade preventivo, cabendo apenas ao parlamentar, em caráter de exclusividade.

No mais, quanto ao cabimento do Mandado de Segurança para fins de realização do controle de constitucionalidade prévio, o Supremo exige a demonstração de que o Projeto de Lei viola cláusula pétrea constitucional ou de que não houve observância do processo legislativo na tramitação do Projeto de Lei (STF. Plenário. MS 32033/DF, Relator Min. Gilmar Mendes, Relator p/ Acórdão: Min. Teoria Zavascki. Data de julgamento: 20/06/2013).

Fora dessas situações, o projeto de lei não será arquivado nem será alvo de controle de constitucionalidade preventivo por parte do Poder Judiciário.

Nesse sentido, vale recordar, conforme a Figura 1.4, a seguir, o que se compreende por *cláusulas pétreas*, à luz do art. 60, parágrafo 4°, da Constituição brasileira de 1988.

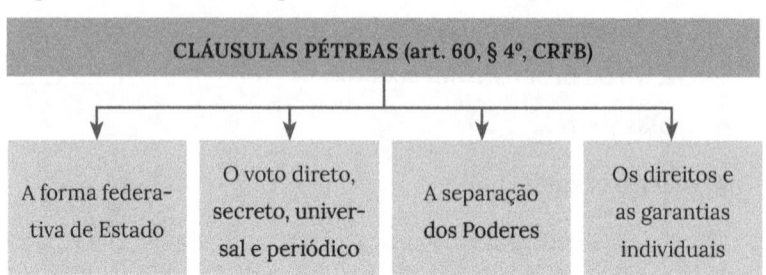

Figura 1.4 – Cláusulas pétreas da Constituição brasileira

CLÁUSULAS PÉTREAS (art. 60, § 4º, CRFB)			
A forma federativa de Estado	O voto direto, secreto, universal e periódico	A separação dos Poderes	Os direitos e as garantias individuais

Assim, não poderá ser objeto de proposta de emenda constitucional aquela que vise abolir a algum dos itens consubstanciados no parágrafo 4º do art. 60 da Constituição brasileira. Trata-se, pois, de limitação material ao Poder Legislativo na sua atividade de legislar, com a finalidade de "prevenir um processo de erosão da Constituição" (Mendes; Branco, 2015, p. 253).

Ressaltamos que, de acordo com a doutrina constitucionalista, há cláusulas pétreas expressas, consubstanciadas no texto do art. 60, parágrafo 4º, da Constituição brasileira, mas há também cláusulas pétreas implícitas, acerca de temas que não poderiam ser abolidos sob pena de violação a todo um sistema constitucional, de modo que o art. 60, parágrafo 4º, da Constituição não seria taxativo (Silva, 2018, p. 61).

Ademais, a cláusula pétrea vale tanto no âmbito do Poder Legislativo federal quanto na esfera dos poderes legislativos estaduais, conforme lembra Manoel Gonçalves Ferreira Filho (Ferreira Filho, 2018, p. 152).

Consequentemente, no julgamento de Mandado de Segurança impetrado por parlamentar prejudicado, deverá haver constatação de violação à cláusula pétrea para fins de declaração de inconstitucionalidade prévia por parte do Poder Judiciário.

Ainda, o STF consignou que pode haver inconstitucionalidade prévia em caso de constatação de violação ao processo legislativo, uma vez que o remédio constitucional teria a finalidade de correção de vícios ligados à aspectos formais e procedimentais.

A respeito do assunto, vale recordar que todo projeto de lei deverá observar as disposições constitucionais presentes nos arts. 59 a 69, que justamente versam sobre o processo legislativo.

Contudo, ainda considerando a jurisprudência dominante, se o projeto de lei for aprovado antes do julgamento do Mandado de Segurança impetrado por parlamentar, este perderá o objeto, com a sua consequente extinção sem resolução do mérito.

Em face de todo o exposto, observe o resumo a seguir.

Em síntese

Controle preventivo de constitucionalidade	
Conceito	É o controle exercido antes do texto normativo tornar-se lei, ou seja, "durante o processo de maturação da lei" (Tavares, 2019, p. 1282).
Regra geral	▪ Poder Legislativo à Comissões de Constituição e Justiça. ▪ Poder Executivo à veto. ▪ NÃO CABE controle preventivo de constitucionalidade por parte do Poder Judiciário brasileiro. **Exceção**: Julgamento de Mandado de Segurança impetrado por parlamentar em face de projeto de lei. ▪ Violação à cláusula pétrea. ▪ Violação ao processo legislativo.

— 1.4.2 —
O controle repressivo de constitucionalidade

Conforme narra a doutrina, o controle repressivo de constitucionalidade é aquele desempenhado pelo Poder Judiciário, com vistas a "reprimir a inconstitucionalidade após a promulgação da lei" (Bulos, 2019, p. 202).

Trata-se da regra geral no país. Vale dizer: o Brasil adotou o sistema jurisdicional referente ao controle repressivo de constitucionalidade.

Contudo, há situações excepcionais de atuação do Poder Legislativo e do Poder Executivo no controle repressivo de constitucionalidade, previstas no próprio texto constitucional brasileiro.

O primeiro caso excepcional é encontrado no art. 49, inciso V, da Constituição brasileira, segundo o qual "é da competência exclusiva do Congresso Nacional sustar os atos normativos do Poder Executivo que exorbitem do poder regulamentar ou dos limites de delegação legislativa". Trata-se, pois, do denominado *veto legislativo* (Silva, 2018, p. 528), consistente na sustação de atos normativos (decretos regulamentares e leis delegadas) que exorbitem o poder legal.

Há também previsão de controle por meio do art. 62, parágrafo 5º, da Constituição brasileira, que traz a questão da análise de medida provisória por parte do Congresso Nacional. Desse modo, quando o Congresso Nacional entende que determinada medida provisória é inconstitucional, estará realizando um controle repressivo de constitucionalidade.

Além disso, vale frisar os dizeres da Súmula 347 do STF (1963), no sentido de que: "O Tribunal de Contas, no exercício de suas atribuições, pode apreciar a constitucionalidade das leis e dos atos do Poder Público".

Nesse sentido, vale lembrar que o Tribunal de Contas é figura que não pertence propriamente ao Poder Judiciário, mas, ao revés, trata-se de órgão independente e autônomo que auxilia o Poder Legislativo no exercício do controle externo.

Ao seu turno, o Poder Executivo atua de forma excepcional no controle repressivo, de acordo com a maior parte da doutrina, quando nega cumprimento à lei que considere inconstitucional.

O assunto como cobrado em concurso público

Em 2019, a Banca Cespe questionou, em prova objetiva para o cargo de Procurador do Ministério Público de Contas, acerca do controle repressivo. Mais especificamente, a questão pede ao candidato que reconheça a classificação e a diferença entre controle preventivo de constitucionalidade e controle repressivo de constitucionalidade.

Confira a questão a seguir e procure respondê-la.

(CESPE – 2019 – TCE-RO, Procurador do Ministério Público de Contas) Assinale a opção que apresenta modalidade de controle repressivo de constitucionalidade.

> A) controle exercido pelas comissões de constituição e justiça da Câmara dos Deputados e do Senado Federal
> B) controle exercido pelo presidente da República mediante veto jurídico
> C) rejeição, por uma das casas do Poder Legislativo federal, de proposta de emenda à Constituição já aprovada pela outra casa
> D) decreto legislativo com a finalidade de sustar atos do Poder Executivo que exorbitem do poder regulamentar
> E) devolução aos autores, pelas Mesas das casas legislativas, de projetos de lei com vícios manifestos de inconstitucionalidade
>
> **Gabarito oficial:** D.
>
> **Comentário:** Todas as alternativas, com exceção da letra "D", consubstanciam casos de controle preventivo de constitucionalidade, contando com palavras-chave como *projetos de lei, veto jurídico, proposta de emenda*.

Vale lembrar que o controle repressivo visa à análise de inconstitucionalidade após a publicação da lei ou do ato normativo. Nesse sentido, o decreto legislativo nada mais é que espécie legislativa, conforme art. 49, inciso V, da Constituição brasileira.

De todo modo, seja em atuação do Poder Executivo, seja do Poder Legislativo, em qualquer situação a última palavra é a do Poder Judiciário na interpretação da harmonização das normas internas.

Assim, como regra geral, há de se recordar que o controle repressivo de constitucionalidade é dado ao Poder Judiciário, que poderá realizá-lo de forma difusa (ou seja, por meio de todo e qualquer juiz ou tribunal) ou de forma concentrada (mediante ações de constitucionalidade e de inconstitucionalidade ajuizadas perante um único tribunal – STF ou, no âmbito das constituições estaduais, o respectivo Tribunal de Justiça do estado-membro).

Observe o quadro sumário na sequência.

Em síntese

Controle repressivo de constitucionalidade	
Conceito	Controle desempenhado pelo Poder Judiciário, com vistas a "reprimir a inconstitucionalidade após a promulgação da lei" (Bulos, 2019, p. 202). **Observação**: Trata-se de regra geral no Brasil.
Regra geral	■ Poder Judiciário. ■ Controle difuso. ■ Controle concentrado.
Exceções	■ Poder Legislativo → Veto legislativo. 　■ Art. 49, V, CRFB; 　■ Art. 62, § 5º, CRFB. ■ Poder Executivo. **Observação**: Súmula 347, STF.

— 1.5 —
O controle de constitucionalidade e a súmula vinculante

A súmula vinculante encontra previsão constitucional no art. 103-A, introduzido por força da Emenda Constitucional (EC) n. 45, de 30 de dezembro de 2004 (Brasil, 2004) – responsável pela reforma do Poder Judiciário –, segundo o qual o STF poderá, de ofício ou a requerimento, mediante decisão de 2/3 dos seus membros, após reiteradas decisões sobre matéria constitucional, aprovar súmula vinculante ou, ainda, proceder à sua revisão ou ao seu cancelamento, de acordo com o estabelecido na Lei n. 11.417, de 19 de dezembro de 2006 (Brasil, 2006b), que regulamentou o tema em questão.

Segundo conceitua a doutrina, a súmula consubstancia um enunciado interpretativo, com a finalidade em eliminar incertezas e divergências no âmbito da jurisprudência e na busca da uniformidade na interpretação e na aplicação do direito (Taruffo, 2016, p. 233).

Ao seu turno, a *súmula vinculante* possui, conforme a própria nomenclatura traz, o diferencial de ter efeitos vinculativos.

Pode-se dizer que a ideia geral da súmula vinculante, voltada a eliminar grave insegurança jurídica (Ferreira Filho, 2019, p. 66), encontra-se atualmente de acordo com o Novo Código de Processo Civil (CPC) – Lei n. 13.105, de 16 de março de 2015 (Brasil,

2015) –, que estabelece, no art. 926, que os tribunais, incluindo o STF, devem uniformizar a sua jurisprudência, mantendo-a estável, íntegra e coerente.

Ainda assim, a figura da súmula vinculante é alvo de críticas para alguns constitucionalistas, como Lênio Streck, na medida em que a súmula com efeitos obrigatórios representaria a mesma força de uma lei jurídica, fazendo-se repensar todo sistema jurídico da *civil law*, em que está baseado o ordenamento jurídico brasileiro (Streck, 2017, p. 245).

Por outro lado, segundo explica Gilberto Schäfer (2012, p. 232), há limitações a tal figura jurídica, de forma que, ainda que seja dotada de textura aberta, a súmula vinculante não possui o poder de inovar na ordem jurídica acerca de matéria restrita ao legislador e ao constituinte.

De toda forma, ressaltamos que a súmula com força vinculante (obrigatória) é apenas conferida ao STF, conforme prevê a Constituição e a Lei n. 11.417/2006. Tal vinculação será em relação aos demais órgãos do Poder Judiciário e à Administração Pública (direta e indireta), nas esferas federal, estadual e municipal (art. 103-A, CRFB).

Os legitimados a proporem a súmula vinculante, quando não realizada de ofício (ou seja, pelo próprio STF), são aqueles previstos no art. 3º da Lei n. 11.417/2006, contando com amplo rol, o qual também é aplicável aos casos de revisão ou cancelamento de súmula vinculante já existente. Veja a relação a seguir.

LEGITIMADOS PARA PROPOSITURA/REVISÃO/CANCE-LAMENTO DE SÚMULA VINCULANTE (Art. 3º, Lei n. 11.417/2006)

- o presidente da República;
- a mesa do Senado Federal;
- a mesa da Câmara dos Deputados;
- o procurador-geral da República;
- o Conselho Federal da Ordem dos Advogados do Brasil (OAB);
- o defensor público-geral da União;
- partido político com representação no Congresso Nacional;
- confederação sindical ou entidade de classe de âmbito nacional;
- a mesa de Assembleia Legislativa ou da Câmara Legislativa do Distrito Federal;
- o governador de estado ou do Distrito Federal;
- os Tribunais Superiores, os Tribunais de Justiça de Estados ou do Distrito Federal e Territórios, os Tribunais Regionais Federais, os Tribunais Regionais do Trabalho, os Tribunais Regionais Eleitorais e os Tribunais Militares.

Observe que se trata de rol que não se confunde com os legitimados para propositura das ações de controle concentrado de constitucionalidade, previstas no art. 103 da Constituição brasileira.

Ainda, de acordo com o art. 103-A da Constituição brasileira, a súmula vinculante poderá ser realizada de ofício ou mediante provação, por meio de decisão que conte com quórum de dois terços de seus membros e após reiteradas decisões sobre matéria constitucional. Em outras palavras, a súmula vinculante depende de, pelo menos, oito votos favoráveis (considerando o total de 11 ministros existentes no STF).

O assunto como cobrado em concurso público

O instituto da súmula vinculante é assunto cada vez mais presente no âmbito dos concursos públicos, seja por meio de matéria constitucional, seja por meio de matéria processual civil.

Assim sendo, observe a questão exemplificativa a seguir e procure resolvê-la.

(Quadrix – 2019 – CREA-GO, Analista – Advogado) Acerca das súmulas vinculantes, julgue o item.

Após reiteradas decisões sobre a matéria constitucional, a súmula vinculante deve ser aprovada pela maioria absoluta dos membros do Supremo Tribunal Federal.

( ) Certo
( ) Errado

Gabarito oficial: Errado.

> **Comentário:** Conforme o art. 103-A da Constituição brasileira, a súmula vinculante dependerá da decisão de dois terços de seus membros, e não da maioria absoluta, como diz a questão objetiva.

É possível, ademais, a revisão ou o cancelamento da súmula vinculante, cujos procedimentos e requisitos encontram previsão na Lei n. 11.417/2006.

Em face de violação à súmula vinculante, cabe a utilização do instituto da Reclamação, previsto no art. 103-A, parágrafo 3º, da Constituição brasileira, na Lei n. 8.038, de 28 de maio de 1990 (Brasil, 1990) e no Regimento Interno do STF, o qual será melhor estudado adiante.

Do mesmo modo, a reclamação se presta para requerer revisão, alteração ou cancelamento de súmula vinculante, quando demonstrada a evidente superação jurisprudencial do STF a respeito do tema, a alteração legislativa ou, ainda, a modificação substantiva do contexto político, econômico e social do tema.

O STF possui, até o momento da realização desta obra, 56 súmulas vinculantes, sobre variados temas e das mais diversas áreas jurídicas.

Em síntese

Súmula vinculante: aspectos gerais	
Previsão constitucional e legal	■ Art. 103-A, CRFB. ■ Lei n. 11.417/2006.
Finalidades	■ Segurança jurídica. ■ Uniformidade jurisprudencial.
Quórum	Dois terços dos membros (2/3).
Realização	De ofício ou a requerimento.

— 1.6 —

O controle de constitucionalidade e a Reclamação Constitucional

O instituto da Reclamação, em controle concentrado de constitucionalidade, é mecanismo voltado à finalidade de garantir a autoridade da decisão proferida pelo STF (art. 102, I, CRFB) ou, ainda, para fins de resguardar aplicação de súmula vinculante do STF (art. 103-A, § 3º, CRFB). Atualmente, a Reclamação também encontra previsão e regulamentação na Lei n. 8.038/1990, no Regimento Interno do STF, em capítulo próprio (Título V, Capítulo I, arts. 156 a 162), e no CPC (Lei n. 13.105/2015).

Como o CPC ampliou o instituto da Reclamação, a análise da presente obra será feita tão somente a respeito da Reclamação Constitucional cabível no âmbito do STF. Ainda assim, não deixe de conferir o que diz o CPC.

O assunto como cobrado em concurso público

A reclamação é figura jurídica constante nos concursos públicos e em provas da Ordem dos Advogados do Brasil (OAB).

Assim, o tema em análise já foi cobrado na prova objetiva de 2018 da OAB para habilitação profissional na advocacia.

Confira a questão da prova objetiva a seguir e procure respondê-la.

(FGV – 2018 – OAB, XXV Exame de Ordem Unificado, Primeira Fase) O chefe do Poder Executivo do município Ômega, mediante decisão administrativa, resolve estender aos servidores inativos do município o direito ao auxílio-alimentação, contrariando a Súmula Vinculante nº 55 do Supremo Tribunal Federal.

Para se insurgir contra a situação apresentada, assinale a opção que indica a medida judicial que deve ser adotada.

A) Ação Direta de Inconstitucionalidade, perante o Supremo Tribunal Federal, com o objetivo de questionar o decreto.

B) Mandado de injunção, com o objetivo de exigir que o Poder Legislativo municipal edite lei regulamentando a matéria.

C) Reclamação constitucional, com o objetivo de assegurar a autoridade da súmula vinculante

D) *Habeas data*, com o objetivo de solicitar explicações à administração pública municipal.

Gabarito oficial: C.

> **Comentário:** Basta que o candidato conheça o conceito e o propósito do instituto da Reclamação. Nesse sentido, em face de atos que violem a súmula vinculante, cabe reclamação, conforme prediz o art. 103-A, parágrafo 3º, da Constituição brasileira.

Ainda há forte divergência doutrinária e jurisprudencial sobre a natureza jurídica da reclamação constitucional, mas julgados do STF tendem a ver tal figura como consectário do direito de petição, ao passo que a doutrina tende a conferir natureza jurídica ora de ação, ora de recurso etc. (Mendes; Branco, 2015, p. 1344).

De todo modo, de acordo com entendimentos do STF, seja qual for a sua natureza, é medida jurisdicional importante, mas da qual não cabe a sua propositura de forma preventiva, antes da ocorrência de inobservância de decisão ou súmula vinculante do STF (2015).

A legitimidade para ajuizamento de tal instrumento processual, instruído com prova documental, é da parte interessada ou do procurador-geral da República. Atualmente, segundo a jurisprudência do STF, tem-se admitido também que qualquer pessoa afetada ou atingida pelo ato contrário à orientação fixada pelo STF terá legitimidade para promover a reclamação (Mendes; Branco, 2015, p. 1346).

Possui rito simples e célere, que muito se assemelha ao Mandado de Segurança (Mendes; Branco, 2015, p. 1346), conforme previsto na Lei n. 8.038/1990 e no Regimento Interno do STF (2020).

Via de regra, a reclamação constitucional é da competência do STF, com decisão de mérito dotada de efeito vinculante e *ex tunc* (Mendes; Branco, 2015, p. 1349). Atualmente, por força do CPC, também cabe reclamação no âmbito de qualquer Tribunal (não se restringindo ao STF apenas), com a ressalva de que se deve comprovar o esgotamento dos recursos cabíveis nas instâncias ordinárias.

Observe o quadro-resumo na sequência.

Em síntese

Reclamação constitucional	
Previsão constitucional	■ Art. 102, I, CRFB. ■ Art. 103-A, § 3º, CRFB.
Previsão legal	■ Lei n. 8.038/1990. ■ Regimento Interno do STF (art. 156 a 162). ■ Código de Processo Civil (CPC).
Competência	Supremo Tribunal Federal (STF). **Observação:** Qualquer tribunal (CPC).
Legitimidade	■ Procurador-geral da República. ■ Parte interessada. ■ Qualquer pessoa afetada.
Efeitos	■ Efeito vinculante. ■ *Ex tunc*.

Capítulo 2

*O controle difuso
de constitucionalidade*

Neste capítulo, o controle difuso de constitucionalidade é o foco maior de nosso estudo. Para tanto, é preciso compreender o seu advento, sobretudo ilustrado pela experiência norte-americana do caso Marbury contra Madison (julgado em 1803), sua aplicação e seu funcionamento no ordenamento jurídico brasileiro atual, acolhido pela Constituição da República Federativa do Brasil (CRFB) de 1988 (Brasil, 1988a), na mesma linha das constituições anteriores, desde a instituição da República.

> No Brasil, o controle difuso é o mais presente no cotidiano, contando com uma variação de atores sociais e políticos relevantes (a exemplo maior dos órgãos do Poder Judiciário) e de conhecimento imprescindível a todo aquele que atua no mundo jurídico.

De maneira generalizada, podemos dizer desde logo que o controle é dito *difuso* quando pode ser exercido por vários órgãos, a exemplo maior da possibilidade de qualquer juiz ou tribunal, no Brasil, poder declarar, em um julgamento de um caso concreto, a inconstitucionalidade de uma lei ou de outro ato normativo.

Com efeito, no Brasil, o controle difuso é o mais presente no cotidiano, contando com uma variação de atores sociais e políticos relevantes (a exemplo maior dos órgãos do Poder Judiciário) e de conhecimento imprescindível a todo aquele que atua no mundo jurídico.

Seguindo, na aplicação do controle difuso, a obra apresentará, em linhas gerais, o estudo do recurso extraordinário e o instituto da Repercussão Geral no âmbito do Supremo Tribunal Federal (STF).

O objetivo maior deste capítulo é fazer com que o leitor detenha conhecimento suficiente para enfrentar questionamentos a respeito do controle difuso, sem deixar de considerar as principais questões teóricas envolvidas e sabendo manejar os instrumentos de recurso extraordinário e de Repercussão Geral no âmbito do Supremo Tribunal Federal (STF).

Vale frisar que a presente obra é esquematizada, sendo necessário constantes empenho e atualização do leitor, sobretudo em relação ao entendimento jurisprudencial a respeito do controle difuso de constitucionalidade.

— 2.1 —
Contexto histórico do controle difuso de constitucionalidade (caso Marbury *versus* Madison)

O caso Marbury *versus* Madison, ocorrido em 1803 nos Estados Unidos e julgado por parte da Suprema Corte norte-americana, originou o que se conhece como **controle difuso**. John Marshall foi o juiz da Suprema Corte responsável pelo julgamento. Desse modo, imperioso faz-se conhecer do que se tratou o caso e quais seus os impactos no controle de constitucionalidade.

Figura 2.1 – Imagem e estátua de John Marshall em Washington D.C., Estados Unidos

Acerca das origens do sistema de controle de constitucionalidade norte-americano, vale notar, preliminarmente, que os Estados Unidos não contam com previsão expressa de controle de constitucionalidade difuso (Ferreira Filho, 2018, p. 56), ou seja, de controle das normas exercido por todo e qualquer juiz.

Ademais, o país é regido por um sistema conhecido como *common law*, no qual "a legislação formal é fonte secundária, e não primária, do direito" (Carvalho, 2008, p. 374), diferentemente do que ocorre, por exemplo, no sistema brasileiro, regido pela *civil law*, com predominância na codificação do direito.

Nesse sentido, o advento do controle de constitucionalidade na modalidade difusa no país foi novidade importante, enaltecendo o papel do Poder Judiciário na interpretação da harmonização legislativa.

Conforme observa o doutrinador Manoel Gonçalves Ferreira Filho (2018, p. 57-58):

> pôde Marshall, em decisão célebre, deduzir de seu sistema esse controle e reconhecer pertencer ele ao Judiciário, incumbido de aplicar a lei contenciosamente.
>
> No caso *Marbury versus Madison*, esse juiz [Marshall] demonstrou que, se a Constituição americana era a base do direito e imutável por meios ordinários, as leis comuns que a contradissessem não eram verdadeiramente leis, não eram direito. Assim, essas leis seriam nulas, não obrigando os particulares. Demonstrou mais que, cabendo ao Judiciário dizer o que é o direito, é a ele que compete indagar da constitucionalidade de uma lei.
>
> De fato, se duas leis entrarem em conflito, deve o juiz decidir qual aplicará. Ora, se uma lei entrar em conflito com a Constituição, é ao juiz que cabe decidir se aplicará a lei, violando a Constituição, ou, como é lógico, se aplicará a Constituição, recusando a lei.

No caso Marbury *versus* Madison (1803), destacam-se o papel de alguns atores importantes na lide: William Marbury, James Madison, o juiz John Marshall (*chief justice* nos Estados Unidos, algo assemelhado ao presidente do STF, no Brasil) e os presidentes norte-americanos John Adams e Thomas Jefferson.

À época, em 1797, o então presidente norte-americano John Adams, em alteração ao *Judiciary Act* de 1789, criou variados cargos no âmbito do Poder Judiciário dos Estados Unidos, nomeando, por exemplo, diversas pessoas, dentre eles William Marbury, como juízes de paz no Estado da Colúmbia (Mendes; Branco, 2015, p. 237). Em 1801, contudo, Thomas Jefferson assumiu a presidência dos Estados Unidos e passou a revisar o ato executivo antes proferido por Adams. Para tanto, nomeou James Madison como Secretário de Estado, para avaliar as nomeações da magistratura (Mendes; Branco, 2015, p. 237).

Por consequência, James Madison não nomeou William Marbury no novo governo, sob a alegação de que o ato presidencial de John Adams não restaria completo, havendo a possibilidade de cancelamento ante ao novo governo (Mendes; Branco, 2015, p. 237).

Nessa toada, a situação de Marbury *versus* Madison versou sobre solicitação realizada por William Marbury, para fins de que a Suprema Corte dos Estados Unidos emitisse mandato para garantia de continuidade no cargo de juiz de paz.

Dentre sua linha de argumentação, alegou que teria direito à nomeação no cargo de juiz de paz, em aplicação ao *Judiciary Act* na forma como realizado por John Adams.

A lide, assim, ficou ao encargo do juiz John Marshall, do âmbito da Suprema Corte dos Estados Unidos, o qual acabou por fixar o entendimento que a Constituição norte-americana era a norma suprema do ordenamento jurídico dos Estados Unidos, sendo que a lei colocada por John Adams não poderia ter revogado a Constituição, hierarquicamente superior.

Desse modo, a decisão de Marshall culminou na declaração de nulidade do *Judiciary Act*, por violação formal à

Constituição norte-americana. Consequentemente, como desfecho, "o Executivo republicano não foi compelido a entregar o diploma a Marbury" (Mendes; Branco, 2015, p. 221).

O caso Mabury *versus* Madison foi essencial, então, para fins de reconhecimento, por meio do controle difuso de constitucionalidade, da ideia de que a Constituição se trata da lei principal do país e todas as demais normas devem observância a ela. O caso foi relevante também para enfatizar o papel do Poder Judiciário na análise da compatibilidade da lei com as normas constitucionais, preponderando "a interpretação judicial [...] sobre a avaliação dos demais Poderes" (Mendes; Branco, 2015, p. 222).

Frisamos que o caso Marbury *versus* Madison não foi o primeiro caso em que se discutiu o controle difuso de constitucionalidade, mas é considerado precursor em razão de ter sido tratado no âmbito da Suprema Corte dos Estados Unidos (Novelino, 2018, p. 205).

Nesse sentido, conforme lembra Marcelo Novelino (2018), antes do caso Marbury *versus* Madison, existiram dois precedentes na jurisprudência norte-americana, com ideias embrionárias presentes, quais sejam: o Hayburn's Case e o Case Hylton *versus* United States.

Ainda assim, no âmbito dos Estados Unidos a decisão é lembrada até os dias atuais como importante ao fortalecimento institucional da Suprema Corte norte-americana, não sendo, entretanto, incólume de críticas, a exemplo maior da questão do ativismo judicial e dos mecanismos de poder para fazer valer a Constituição do país (Goldstone, 2011).

Nessa linha, conforme lembram Mendes e Branco (2015, p. 222), o "valor normativo supremo da Constituição não surge, de pronto, como uma verdade autoevidente, mas é resultado de reflexões propiciadas pelo desenvolvimento da História e pelo empenho em aperfeiçoar os meios de controle do poder".

O assunto como cobrado em concurso público

Para ingresso no Ministério Público Estadual, em 2017, a banca Cespe demandou, na prova objetiva, o conhecimento do candidato a respeito do caso Marbury *versus* Madison (1803) e seus desdobramentos.

Veja a questão a seguir e procure respondê-la.

(CESPE – 2017 – MPE-RR, Promotor de Justiça Substituto) Tendo em vista que, em grande medida, o sistema de controle de constitucionalidade norte-americano serviu de inspiração inicial ao modelo brasileiro, assinale a opção correta.

A) Depois do caso Marbury *versus* Madison, estabeleceu-se que a Suprema Corte norte-americana é o único órgão judicial competente para apreciar a inconstitucionalidade de leis.

B) O modelo norte-americano de controle de constitucionalidade é classificado em concreto, incidental e preventivo.

C) A Constituição norte-americana prevê expressamente ser competência do Poder Judiciário declarar a inconstitucionalidade de leis.

D) Para o relator do caso norte-americano conhecido como Marbury *versus* Madison, lei incompatível com a Constituição deve ser considerada nula.

Gabarito oficial: D.

Comentário: Conforme visto ao longo desta obra, a tradição norte-americana, elucidada pelo caso Marbury *versus* Madison, entende que a lei inconstitucional é nula (e não anulável), sendo o vício verificado no plano da validade normativa.

O caso marcou a importância do controle difuso de constitucionalidade, ou seja, de que o controle pode ser realizado por diversos órgãos do Poder Judiciário, o que torna a alternativa "A" incorreta.

No caso de Marbury *versus* Madison, viu-se que houve demanda para fins de resolução de caso concreto, após realizado, não se podendo falar em controle "preventivo", como sugere a letra "B", incorreta, portanto.

Por fim, vimos que a Constituição norte-americana nada dizia a respeito do controle de constitucionalidade e da competência do Poder Judiciário, razão pela qual a alternativa "C" é incorreta.

O caso Marbury *versus* Madison, ao trazer o controle difuso de constitucionalidade (denominado, por isso, *sistema norte-americano*), também foi importante ao Brasil, de modo que, na atualidade, o ordenamento jurídico brasileiro se vale do controle difuso.

No ponto, trataremos, na sequência, acerca do funcionamento e da conceituação do controle difuso no Brasil.

— 2.2 —

O funcionamento do controle difuso de constitucionalidade no Brasil

Quanto aos órgãos julgadores, inseridos no âmbito do controle jurisdicional de constitucionalidade, o controle divide-se em *concentrado*, quando julgado por um só órgão, de forma concentrada, e *difuso*, quando realizado por todo e qualquer juiz e tribunal do Poder Judiciário. Em outras palavras: o controle difuso ocorre "quando a qualquer juiz é dado apreciar a alegação de inconstitucionalidade" (Ferreira Filho, 2018, p. 52).

Conforme lembra Ferreira Filho (2018, p. 52), **controle difuso** é aquele que se dá no âmbito dos Estados Unidos, sendo acolhido pelo Brasil desde o advento da República, com a primeira Constituição republicana, de 1891 (Carvalho, 2008, p. 381).

Não obstante, é importante frisar que, no sistema constitucional brasileiro, o controle difuso convive em conjunto com o controle concentrado de constitucionalidade, em um modelo combinado, conforme conceitua André Ramos Tavares (2019, p. 252). Destarte, "só o STF (= controle concentrado) pode realizar controle abstrato (objetivo, em tese). E qualquer instância judicial (= difuso) pode fazer o controle de constitucionalidade para resolver adequadamente o caso concreto (que é a preocupação principal nesse modelo)" (Tavares, 2019, p. 252-253).

Atenção!
É constatado o controle difuso sempre em um caso concreto.

Ainda assim, é preciso diferenciar o controle difuso do denominado *controle incidental*.

De modo sumário, o controle incidental nada mais é que um incidente do processo (de inconstitucionalidade ou não), ao passo que o controle difuso se refere à possibilidade de todo e qualquer órgão do Poder Judiciário analisar a questão. Trata-se o controle difuso, pois, de "atividade jurisdicional comum" (Mendes; Branco, 2015, p. 240).

De toda forma, dado que o controle incidental é sempre de natureza concreta – ou seja, versando sobre o caso fático e as relações jurídicas em curso, sua discussão se faz usualmente pela via do controle difuso –, nada impede de se ter um controle incidental de inconstitucionalidade concentrado no Tribunal (STF).

Nesse ponto, salientamos que o controle difuso e incidental traz a possibilidade de todo e qualquer juiz analisar a compatibilidade de uma norma impugnada em face da Constituição. Ainda assim, a própria Constituição Federal Brasileira trouxe uma limitação de observância aos tribunais: trata-se da cláusula da reserva de plenário, também conhecida como *regra do full bench*.

Tal cláusula encontra previsão no art. 97, segundo o qual: "Somente pelo voto da maioria absoluta de seus membros ou dos membros do respectivo órgão especial poderão os tribunais declarar a inconstitucionalidade de lei ou ato normativo do Poder Público" (Brasil, 1988a).

Conforme lembra Fábio Carvalho Leite (2012, p. 91), a previsão da cláusula de reserva de plenário está presente na história constitucional brasileira desde a Constituição de 1934.

Em outras palavras, a cláusula da reserva de plenário significa que, se for "levantada pela parte, ou de ofício, a questão da inconstitucionalidade, só a maioria do Supremo Tribunal Federal (ou de outro Tribunal) a pode resolver" (Miranda, 1987, p. 606).

Inclusive, veja-se que o Novo Código de Processo Civil (CPC) – Lei n. 13.105, de 16 de março de 2015 (Brasil, 2015) – prevê procedimento específico para realização da reserva de plenário, constante nos arts. 948 a 950 do diploma.

No mesmo sentido, de acordo com a Súmula Vinculante n. 10: "Viola a cláusula de reserva de plenário (CF, artigo 97) a decisão de órgão fracionário de tribunal que, embora não declare expressamente a inconstitucionalidade de lei ou ato normativo do poder público, afasta sua incidência, no todo ou em parte" (STF, 2008b).

Por outro lado, o comando constitucional não se aplica aos juízes de primeiro grau nem ao âmbito das turmas recursais de Juizados Especiais, uma vez que não possuem quórum para análise das decisões. Assim, juízes de primeiro grau e turmas recursais podem declarar a inconstitucionalidade de norma de maneira incidental, quando na análise de caso concreto.

Por via de consequência, os órgãos fracionários, como turmas de tribunais (incluindo turmas do âmbito do próprio STF), estão proibidos de declarar a inconstitucionalidade de norma, devendo observar o procedimento específico para tanto.

O assunto como cobrado em concurso público

A cláusula de reserva de plenário é assunto recorrente em concursos públicos e provas da Ordem dos Advogados do Brasil (OAB). Desse modo, é preciso conhecer e fixar a redação do art. 97 da Constituição brasileira e a Súmula Vinculante n. 10.

Como exemplo, analise a questão a seguir e procure respondê-la.

(FGV – 2016 – OAB, XXI Exame de Ordem Unificado, Primeira Fase) A parte autora em um processo judicial, inconformada com a sentença de primeiro grau de jurisdição que se embasou no ato normativo X, apela da decisão porque, no seu entender, esse ato normativo seria inconstitucional.

A 3ª Câmara Cível do Tribunal de Justiça do Estado Alfa, ao analisar a apelação interposta, reconhece que assiste razão à recorrente, mais especificamente no que se refere à inconstitucionalidade do referido ato normativo X. Ciente da existência de cláusula de reserva de plenário, a referida Turma dá provimento ao recurso sem declarar expressamente a inconstitucionalidade do ato normativo X, embora tenha afastado a sua incidência no caso concreto.

De acordo com o sistema jurídico-constitucional brasileiro, o acórdão proferido pela 3ª Turma Cível

A) está juridicamente perfeito, posto que, nestas circunstâncias, a solução constitucionalmente expressa é o afastamento da incidência, no caso concreto, do ato normativo inconstitucional.

B) não segue os parâmetros constitucionais, pois deveria ter declarado, expressamente, a inconstitucionalidade do ato normativo que fundamentou a sentença proferida pelo juízo *a quo*.

C) está correto, posto que a 3ª Turma Cível, como órgão especial que é, pode arrogar para si a competência do Órgão Pleno do Tribunal de Justiça do Estado Alfa.

D) está incorreto, posto que violou a cláusula de reserva de plenário, ainda que não tenha declarado expressamente a inconstitucionalidade do ato normativo.

Gabarito oficial: D.

> **Comentário:** No caso em tela, a decisão não observou a Súmula Vinculante n. 10 do âmbito do STF, que prevê, na mesma linha do art. 97 da Constituição brasileira, que "viola a cláusula de reserva de plenário (CF, artigo 97) a decisão de órgão fracionário de tribunal que, embora não declare expressamente a inconstitucionalidade de lei ou ato normativo do poder público, afasta sua incidência, no todo ou em parte" (STF, 2008b).

A regra geral, nesse sentido, é pela constitucionalidade das normas jurídicas, ou seja, de que as normas detêm validade e só poderão ser afastadas quando na análise do Poder Judiciário, sem adentrar em questões de conveniência ou oportunidade dos atos praticados (Bonavides, 2008, p. 324). Ainda assim, objeto do controle difuso poderá ser qualquer lei ou ato normativo contrário à Constituição (Federal ou do respectivo estado-parte), uma vez que visa discutir a compatibilidade de uma norma jurídica.

Conforme será visto nos próximos tópicos, o controle difuso também se vale de variados mecanismos para fins de consecução da fiscalização da constitucionalidade, a exemplo maior da figura do recurso extraordinário.

Ante todo o exposto, observe o resumo a seguir a respeito do controle difuso.

Em síntese

Controle constitucional difuso	
Conceito	É o controle que ocorre "quando a qualquer juiz é dado apreciar a alegação de inconstitucionalidade" (Ferreira Filho, 2018, p. 52).
Origens	■ Sistema norte-americano (Estados Unidos da América). → Caso Marbury *versus* Madison (1803).
No Brasil	■ Convivência do controle difuso com o controle concentrado de constitucionalidade. ■ Cláusula da reserva de plenário (art. 97, CRFB). ■ Súmula Vinculante n. 10, STF.

— 2.3 —
O recurso extraordinário e o Supremo Tribunal Federal (STF)

Conforme a conceituação da doutrina constitucional, em consonância com o texto constitucional, o recurso extraordinário nada mais é que a via recursal pela qual as "questões constitucionais suscitadas no controle difuso chegam ao Supremo Tribunal Federal" (Ferreira Filho, 2018, p. 59).

Trata-se, pois, de um dos meios de "assegurar no âmbito da jurisdição constitucional brasileira: a inteireza positiva; a validade; a autoridade e a uniformidade de interpretação da Constituição" (Miranda, 1987, p. 632).

Historicamente, o recurso extraordinário, ainda que nem sempre dotado de tal nomenclatura, é instituto com origens remotas, por meio da figura do sistema norte-americano denominada *writ of error*, consistente em recurso direcionado para a Suprema Corte dos Estados Unidos contra decisões dos Tribunais Estaduais opostas à Constituição (Silva, 2018, p. 588).

No Brasil, o recurso extraordinário adveio por força do Decreto n. 848/1890, que dispunha a respeito da organização da Justiça Federal, bem como por força de previsão constitucional de 1891, no art. 60, parágrafo 1º.

As origens do recurso extraordinário no Brasil, de acordo com o doutrinador Alfredo Buzaid (2002, p. 93), guardam explicação na própria "exigência do regime federativo, que, supondo a dualidade legislativa emanada da União e dos Estados, reconhece, contudo, a supremacia da Constituição e das leis federais, cuja vigência se estende a todo o território da República", assim como "para evitar que cada Estado se arvorasse em unidade soberana do direito federal, dando lugar a diferentes maneiras de atuá-lo em cada caso concreto".

Nesse sentido, observa José Afonso da Silva (2018, p. 589) que o ingresso da figura do recurso extraordinário no âmbito brasileiro, ao contrário do que se dá nos Estados Unidos, foi alargado, para fins não apenas de garantir a supremacia constitucional ferida por decisões de juízos inferiores, mas também para proteger a incolumidade e a uniformidade de interpretação do direito objetivo federal (Silva, 2018, p. 589).

Ademais, vale frisar, desde logo, que atualmente não é admitido o recurso extraordinário em face de simples ofensa a direito local, conforme predispõe o entendimento emanado pela Súmula n. 280 do âmbito do STF. Vale dizer: há de se demonstrar ou dar indícios de violação constitucional, e não local.

A nomenclatura *recurso extraordinário* também é própria do direito brasileiro, com denominação conferida pela previsão expressa no "primeiro Regimento Interno do STF, de 26 de janeiro de 1891", nos arts. 678 e 744 (Azem, 2011, p. 205).

Atualmente previsto no art. 102, III, "a" a "d", da Constituição brasileira de 1988, o recurso extraordinário será cabível, perante o STF, quando a decisão recorrida contrariar dispositivo constitucional, declarar inconstitucionalidade de tratado ou lei federal, julgar válida lei ou ato de governo local contestados em face da Constituição ou, ainda, julgar válida lei local contestada em face de lei federal.

O assunto como cobrado em concurso público

O recurso extraordinário é assunto bastante utilizado na prática, assim como de conhecimento essencial ao candidato de concurso público no qual haja cobrança de direito constitucional ou, ainda, de direito processual civil.

Nesse sentido, como exemplo, veja a questão objetiva a seguir e procure resolvê-la.

(FGV – 2018 – AL-RO, Consultor Legislativo, Assessoramento Legislativo) O Tribunal de Justiça do Estado Alfa confirmou sentença proferida pelo juízo de primeira instância em desfavor de Antônio. Exauridos os recursos cabíveis perante as instâncias ordinárias, o advogado de Antônio constatou que foi julgada lei local que fora corretamente contestada em face de lei federal.

Considerando a divisão de competências entre os órgãos jurisdicionais estabelecida na Constituição da República, é correto afirmar que o advogado de Antônio, preenchidos os demais requisitos exigidos, poderia interpor

A) recurso extraordinário endereçado ao Supremo Tribunal Federal.

B) recurso ordinário endereçado ao Superior Tribunal de Justiça.

C) recurso especial endereçado ao Superior Tribunal de Justiça.

D) reclamação constitucional no Supremo Tribunal Federal.

E) mandado de segurança no Superior Tribunal de Justiça.

Gabarito oficial: A.

Comentário: Conforme o art. 102, III, "d", da Constituição da República Brasileira, cabe recurso extraordinário à situação apresentada pela questão.

Dentre as características principais do recurso extraordinário, destacam-se o seu aspecto político, ilustrado sobretudo na sua admissibilidade prévia e na análise do instituto da Repercussão Geral enquanto requisito do recurso extraordinário (veja esse assunto no próximo tópico a respeito de tal requisito) (Viana, 2011).

Outra característica citada pela doutrina constitucionalista, intrinsecamente ligada ao primeiro aspecto, é a natureza objetiva do recurso extraordinário, dotado de instrumentalidade destinada à consecução de seus fins maiores, consistentes na harmonização legislativa e na adequação com a constituição e com a finalidade de tutela de direitos objetivos (não se considerando, assim, as questões relacionadas aos direitos subjetivos das partes no processo).

Por isso mesmo, vale lembrar que o recurso extraordinário não se dirige à apreciação de questões fáticas ou relacionadas às provas produzidas no processo, assim como não é voltado a analisar a injustiça da decisão. Nesse sentido, consoante já assinalou o STF (1999, grifo nosso):

Ementa

I. Recurso extraordinário: suas limitações em face de eventual injustiça da decisão recorrida. **O recurso extraordinário é via processual estreitíssima, cujo potencial para desfazer eventuais injustiças na solução do caso concreto pelas instâncias ordinárias se restringe – aqui e alhures – às hipóteses infrequentes nas quais a correção do erro das decisões** inferiores possa resultar do deslinde da questão puramente de direito, e de alçada constitucional, adequadamente trazida ao conhecimento do Supremo Tribunal: por isso, a decisão do RE não se compromete com a justiça ou não do acórdão recorrido. II. Recontagem de urnas por apresentação de totais nulos, brancos ou válidos destoantes de média geral verificada nas demais Seções do mesmo Município ou Zona Eleitoral (L. 8.713/93, art. 87, II): pedido indeferido pelo TRE, com relação às eleições para Senador pelo Estado da Bahia, por decisão fundada na afirmação de não ocorrência de seus pressupostos de direito ordinário ou de fato, à verificação de cuja procedência ou improcedência não se presta o recurso extraordinário. III. Recurso extraordinário por contrariedade à coisa julgada: inexistência, no caso, que induz ao não conhecimento do RE, tanto mais quanto, na hipótese, a jurisprudência do Tribunal só o admite quando a contradição entre o acórdão recorrido e a decisão anterior coberta pela coisa julgada seja conspícua e manifesta, e independa de controvérsia séria sobre o conteúdo e o alcance da última.

1. A decisão que provê o agravo de instrumento contra o indeferimento de recurso de índole extraordinária–qual o especial comum ou eleitoral–é interlocutória simples, que apenas determina o acesso ao Tribunal do recurso interceptado na origem: sem decidir da lide, não produz coisa julgada, e sequer gera preclusão quanto à admissibilidade do recurso principal, cujo processamento ordena (Súm. 289).

2. De qualquer sorte, não há contradição alguma, sequer de ordem lógica, entre a decisão que, no agravo, afirma a

existência de dissídio de julgados para determinar processamento de recurso especial e a decisão deste ou do consequente acórdão local, mormente se neste há fundamento suficiente e diverso. (STF, Plenário. RE 254948/BA, Relator: Min. Sepúlveda. Data de julgamento: 15/09/1999)

> **Para recordar**
> O recurso extraordinário é voltado a decisões em incompatibilidade com a Constituição brasileira ou contrárias à lei federal, consoante prega a própria Constituição de 1988.

A importância do recurso extraordinário é notória. Como exemplo, podemos mencionar a proibição da prisão civil do depositário infiel, advindo de decisão do STF quando no julgamento do Recurso Extraordinário (RE) n. 466.343/SP, julgado em 3 de dezembro de 2008 (STF, 2008a).

Outro exemplo fático: decisão do STF no sentido de que pessoas *trans* podem alterar seu prenome e gênero no registro civil mesmo sem fazer cirurgia de redesignação sexual e mesmo sem autorização judicial, conforme o RE n. 670422/RS (STF. Plenário. RE 670422/RS, Rel. Min. Dias Toffoli. Data de julgamento: 15/08/2018).

Inclusive, note-se que grande parte do acervo do STF, atualizado até metade de 2019, compõe-se de Recursos Extraordinários e Recursos Extraordinários com Agravo (STF, 2019). Veja o gráfico a seguir, de acordo com o Relatório publicado no segundo semestre de 2019.

Gráfico 2.1 – Número de ações existentes no STF

ACERVO DO TRIBUNAL
35,8 mil
processos no
ACERVO GERAL DO STF

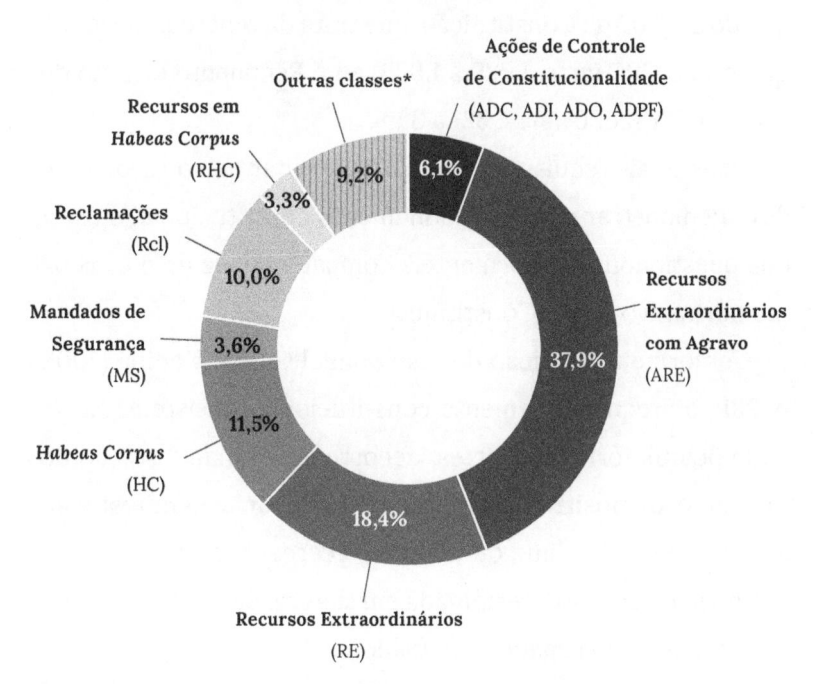

- Ações de Controle de Constitucionalidade (ADC, ADI, ADO, ADPF): 6,1%
- Recursos Extraordinários com Agravo (ARE): 37,9%
- Recursos Extraordinários (RE): 18,4%
- Habeas Corpus (HC): 11,5%
- Mandados de Segurança (MS): 3,6%
- Reclamações (Rcl): 10,0%
- Recursos em Habeas Corpus (RHC): 3,3%
- Outras classes*: 9,2%

*Outras classes
(AI; AS; IF; PSV; SIRDR; SL; SS; STP; EP; PPE; RvC; AC; AImp; AO; AOE; AR; CC; EI; HD; MI; Pet; RMS; TPA)

Fonte: STF, 2019b, p. 6.

Na decisão do recurso extraordinário, cabendo ao Senado Federal a competência para suspender a execução, no todo ou em parte, de lei declarada inconstitucional por força de decisão definitiva do STF, conforme preceitua o art. 52, inciso X, da Constituição brasileira de 1988.

Contudo, vale observar que, para apresentação e acolhimento de recurso extraordinário, é preciso preencher requisitos sem os quais não haverá acolhimento recursal. Tais requisitos podem ser localizados tanto na Constituição (a exemplo do § 3º do art. 102 da Constituição, que trata da repercussão geral) quanto no CPC (arts. 1.029 a 1.035) e no Regimento Interno do próprio STF (2020) (arts. 321 a 329).

Dentre tais requisitos, é preciso ressaltar que o recorrente deve demonstrar o prequestionamento constitucional, ou seja, que questionou anteriormente a compatibilidade de norma ou ato normativo com a Constituição.

Conforme a definição de José Miguel Garcia Medina (2002, p. 281), o prequestionamento constitucional consiste na "atividade postulatória das partes, decorrente da manifestação do princípio dispositivo, tendente a provocar a manifestação do órgão julgador (juiz ou tribunal) acerca de questão constitucional ou federal determinada em suas razões, em virtude do qual fica o órgão julgador vinculado".

No ponto, acerca do prequestionamento, vale ressaltar que o recurso especial e o recurso extraordinário possuem o prequestionamento em substituição ao efeito translativo próprio dos recursos, consistente no exame de matérias de ordem pública.

Além deste, o requisito da repercussão geral, como um "filtro" para acolhimento dos recursos extraordinários, trouxe nova conjectura ao controle difuso de constitucionalidade. Sobre o assunto, veja o próximo tópico deste presente capítulo.

Em síntese

Recurso extraordinário	
Origens	Writ of error (Direito norte-americano).
Previsão constitucional	Art. 102, III, "a" a "d", CRFB.
Requisitos	▪ Art. 102, § 3º, CRFB → Repercussão geral. ▪ Arts. 1.029 a 1.035, CPC. ▪ Arts. 321 a 329, Regimento Interno do STF.

— 2.4 —
Repercussão geral e o Supremo Tribunal Federal (STF)

Instituto relacionado com o recurso extraordinário (veja o tópico anterior da obra) e advindo com a Emenda Constitucional (EC) n. 45, de 30 de dezembro de 2004 (Brasil, 2004), a Repercussão Geral consubstancia um dos requisitos necessários para conhecimento do recurso extraordinário por parte do STF.

Assim, de acordo com art. 102, parágrafo 3º, da Constituição brasileira:

> § 3º No recurso extraordinário o recorrente deverá demonstrar a repercussão geral das questões constitucionais discutidas no caso, nos termos da lei, a fim de que o Tribunal examine a admissão do recurso, somente podendo recusá-lo pela manifestação de dois terços de seus membros. (Brasil, 1988a)

A repercussão geral é presumida se a decisão recorrida contrariar súmula do STF (Ferreira Filho, 2018, p. 59).

Trata-se, pois, de requisito advindo com o propósito de evitar que o STF julgue questões constitucionais de menor interesse (Ferreira Filho, 2018, p. 59), assim como possui como finalidade uniformizar a interpretação constitucional sem exigir que o STF decida múltiplos casos idênticos sobre a mesma questão constitucional.

Ainda, de acordo com Medina (2016, p. 48-49),

> a repercussão geral foi criada com duplo objetivo: tanto o de assegurar que ações sobre questões constitucionais incidentais – que, por sua irrelevância, não devem ser analisadas pelo Supremo Tribunal –, efetivamente não sejam admitidas nesse tribunal e alcancem um término mais rápido quanto o de solucionar a crise numérica do recurso extraordinário, propiciando o desafogamento do Tribunal dos inúmeros processos que são levados a ele inutilmente, permitindo que julgue, mais celeremente, as questões sobre as quais efetivamente deva se pronunciar.

O assunto como cobrado em concurso público

É importante a fixação do conceito de repercussão geral e de seus requisitos e pressupostos. Foi nesse sentido que a banca Vunesp, em 2019, perguntou, em prova objetiva ao cargo de Procurador do Município de Francisco Morato (São Paulo), a respeito da noção de repercussão geral.

Desta feita, veja a questão a seguir e procure respondê-la.

(VUNESP – 2019 – Prefeitura de Francisco Morato – SP, Procurador) Repercussão Geral é

A) a análise realizada, durante o processo legislativo de formação do ato normativo e antes do projeto de lei ingressar no ordenamento jurídico, pelo STF ou STJ, a depender da matéria.

B) a adequação e compatibilidade de uma lei ou de um ato normativo, em confronto com as normas postas, verificando seus requisitos formais e materiais, realizada pelo STF.

C) um instituto processual pelo qual se reserva ao STF o julgamento de temas trazidos em recursos extraordinários que apresentem questões relevantes sob o aspecto econômico, político, social ou jurídico e que ultrapassem os interesses subjetivos da causa.

> D) o controle exercido por qualquer juiz ou tribunal, em todas as esferas normativas, leis ou atos normativos federais, estaduais, distritais e municipais, respeitada a competência do órgão jurisdicional.
>
> E) o objeto principal da ação, independentemente da existência de um caso concreto, visando-se à obtenção da invalidação da lei, a fim de garantir-se a segurança das relações jurídicas.
>
> **Gabarito oficial:** C.
>
> **Comentário:** A questão versa justamente sobre o conceito de Repercussão Geral como um requisito processual do recurso extraordinário, consoante visto na presente obra.

Por outro lado, há discussão doutrinária, conforme nota a doutrinadora Damares Medina (2016, p. 31), a respeito dos efeitos da repercussão geral: se ampliaria ou se, ao revés, culminaria por restringir o acesso à jurisdição constitucional.

A princípio, pode-se acreditar que o instituto da Repercussão Geral restringe o acesso à jurisdição constitucional, uma vez que é necessário que o recorrente, em sede de recurso extraordinário, demonstre em sua petição recursal a existência de Repercussão Geral por meio de citados doutrinários a respeito do tema jurídico, da legislação discutida e da jurisprudência.

Inclusive, não reconhecida a existência de Repercussão Geral, o recurso extraordinário será inadmitido. Não obstante, o reconhecimento da inexistência da repercussão geral no STF terá de ser manifestado por, pelo menos, 8 dos 11 ministros, ou seja, mediante quórum de 2/3 dos ministros.

Contudo, conforme reconhece o próprio STF (2018g), o instituto é relevante para alcance de importantes questões e com impactos certos no cotidiano, de modo que "as características do instituto demandam comunicação mais direta entre os órgãos do Poder Judiciário, principalmente no compartilhamento de informações sobre os temas em julgamento e feitos sobrestados e na sistematização das decisões".

Ademais, o instituto da Repercussão Geral, aliado ao recurso extraordinário, traz segurança jurídica à parte, pois esta, antes de ingressar em juízo, estará ciente de que seus pedidos estão ou não de acordo com os entendimentos já consolidados pela Repercussão Geral (Neves, 2020, p. 1741).

Nessa toada, a questão do acesso à jurisdição constitucional ainda permanece em aberto, com a necessidade de constante aperfeiçoamento institucional do STF como ponto de possibilidade de resolução da discussão.

Inclusive, o advento de um novo CPC (Lei n. 13.105/2015) contribuiu para esse aperfeiçoamento do instituto, mostrando-se como um instrumento que institui expressamente a necessidade de uniformização dos julgados, conforme consta no art. 926: "Os tribunais devem uniformizar sua jurisprudência e mantê-la estável, íntegra e coerente" (Brasil, 2015).

Observe o quadro a seguir, considerando os pontos positivos e negativos da figura da Repercussão Geral.

Quadro 2.1 – Repercussão Geral: comparação

Repercussão Geral	
Aspectos negativos (✗✗✗)	**Aspectos positivos (✓✓✓)**
Necessidade de comprovação de repercussão geral das questões constitucionais discutidas no caso, sob pena de o recurso extraordinário não ser admitido.	Segurança Jurídica conferida com a uniformização da jurisprudência constitucional.
Diminuição das chances de se ver a questão concreta e fática sendo decidida pelo STF.	Diminuição do número de demandas consideradas menos relevantes do ponto de vista constitucional (Ferreira Filho, 2018, p. 59).
Outros	Outros

Por outro lado, reconhecida a Repercussão Geral, o relator no STF poderá determinar a suspensão do processamento de todos os processos pendentes, individuais ou coletivos, que versem sobre a questão e tramitem no território nacional.

Cuida-se, inclusive, de disposição prevista no CPC, em seu art. 1.035, parágrafo 5º, segundo o qual:

> § 5º Reconhecida a repercussão geral, o relator no Supremo Tribunal Federal determinará a suspensão do processamento de todos os processos pendentes, individuais ou coletivos, que versem sobre a questão e tramitem no território nacional.

No ponto, essa suspensão de processamento prevista no CPC não consiste em consequência automática e necessária do reconhecimento da Repercussão Geral realizada; trata-se de possibilidade do relator do recurso extraordinário, conforme já decidiu o STF (STF. Plenário. RE 966.177-RG/RS, Rel. Min. Luiz Fux. Data de Julgamento: 07/06/2017).

Ademais, ainda considerando a jurisprudência, tem-se que o STF já decidiu ser possível a rediscussão da Repercussão Geral no Plenário físico mesmo tendo sido reconhecida previamente no Plenário virtual (STF. Tribunal Pleno. RE 584247-QO/RR, Rel. Min. Roberto Barroso. Data de Julgamento: 27/10/2016. Publicação no DJ: 02/05/2017).

Explica-se: a Repercussão Geral é normalmente analisada por meio do denominado *Plenário virtual*, que foi criado em 2007 e consistente em um sistema virtual pelo qual os ministros computam seus votos acerca da Repercussão Geral sem a necessidade de reunião do Plenário real (Tavares, 2019, p. 385).

Para saber mais

Desde 2019 o STF disponibiliza, em seu site oficial, o acompanhamento em tempo real dos votos e das sessões de julgamento virtuais do Plenário. Para acompanhar a situação de cada um, basta acessar e clicar em "Plenário virtual":

STF – Supremo Tribunal Federal. **Plenário virtual**. Disponível em: <http://www.stf.jus.br/portal/jurisprudenciaRepercussao/listarProcesso.asp?situacao=EJ>. Acesso em: 22 abr. 2020.

Por outro lado, a análise da repercussão geral também pode ocorrer em reunião do Plenário que conte com a presença dos ministros, cada qual manifestando seu voto.

De todo modo, a análise sobre a existência ou não da repercussão geral é de competência exclusiva do STF, conforme art. 102, parágrafo 3º, da Constituição brasileira.

Como importantes assuntos são vistos nesse instituto processual, vale ficar atento, nesse sentido, aos assuntos de Repercussão Geral julgados pelo STF.

Por exemplo, para citar alguns temas relevantes de recursos extraordinários de Repercussão Geral admitida em relação ao primeiro semestre de 2019 (STF, 2019), podemos mencionar questões relacionadas aos mais diversos ramos jurídicos, como:

a. Direito de Família (questão da separação judicial como requisito para o divórcio).
b. Direitos Transindividuais (uso de colaboração premiada em ação civil pública de improbidade administrativa).
c. Direito Tributário (possibilidade de fruição da alíquota zero de microempresas e empresas de pequeno porte integrantes do Sistema Simples) etc.

Em síntese

Repercussão Geral	
Conceito	Requisito de admissibilidade do recurso extraordinário.
Finalidades	■ Evitar que o STF julgue questões constitucionais de menor interesse (Ferreira Filho, 2018, p. 59). ■ Uniformização da interpretação constitucional.
Previsão constitucional	Art. 102, § 3º (redação conferida por força da EC n. 45/2004).
Requisitos	Tópico próprio no recurso extraordinário que demonstre que a questão discutida é relevante do ponto de vista econômico, político, social ou jurídico e que se trata de questão objetiva.

Capítulo 3

O controle concentrado de constitucionalidade

Neste capítulo, o foco maior é a análise do controle concentrado de constitucionalidade, verificando seu sentido geral e sua utilização pela via de cinco mecanismos principais no Direito Constitucional Brasileiro, a saber:

1. Ação Direta de Inconstitucionalidade Genérica (ADI).
2. Ação Direta de Inconstitucionalidade por Omissão (ADO).
3. Ação Direta de Inconstitucionalidade Interventiva (IF).
4. Ação Declaratória de Constitucionalidade (ADC).
5. Arguição de Descumprimento de Preceito Fundamental (ADPF).

Assim, para utilização desses mecanismos, é preciso, em primeiro lugar, compreender o conceito e o alcance do que se entende por *controle concentrado de constitucionalidade*, assim denominado quanto ao órgão julgador – no caso brasileiro, o Supremo Tribunal Federal (STF) e os Tribunais de Justiça.

Em seguida, é necessário esquematizar cada um desses mencionados instrumentos, uma vez que cada um possui suas características próprias e diferentes leis regentes.

O objetivo principal do capítulo, pois, é trazer uma compreensão geral do controle concentrado de constitucionalidade e enfatizar os principais e mais atualizados julgados a respeito do assunto.

— 3.1 —
Controle concentrado de constitucionalidade: noções gerais

O controle de constitucionalidade dito *concentrado* é assim denominado justamente em razão de o controle estar "concentrado" em um único tribunal, ao contrário do que ocorre no controle difuso, em que todos os juízes e tribunais (observada, nesse caso, a cláusula da reserva de plenário) podem analisar a compatibilidade das normas com a Constituição.

Trata-se, pois, de classificação que leva em consideração o órgão julgador da questão de compatibilidade de normas com a Constituição. Nesse sentido, o Brasil adota o controle concentrado por meio de cinco principais vias, ou mecanismos, de utilização, as quais serão todas estudadas neste presente capítulo.

Conforme lembra o professor constitucionalista André Ramos Tavares (2019, p. 253), em que pese o Brasil possuir um controle exercido de forma difusa ou concentrada, é incorreto afirmar que o país adota um "controle misto", uma vez que o controle ou será exercido por um único tribunal ou por vários tribunais.

Por via de consequência, no controle concentrado brasileiro, só o STF realiza o controle por meio da análise das ações diretas, declaratórias de constitucionalidade ou de descumprimento de preceito fundamental.

Ainda, imperioso saber que os Tribunais de Justiça do âmbito dos estados-partes do Brasil podem exercer controle concentrado de acordo com previsão na respectiva Constituição Estadual.

Conforme elucidado anteriormente, o objetivo maior da presente obra é o estudo do controle concentrado à luz da Constituição brasileira (Brasil, 1988a) e seu funcionamento perante o STF.

De todo modo, quanto às origens históricas do controle concentrado, este possui tradição europeia, trazida por meio da doutrina de Hans Kelsen e enunciada pela Constituição da Áustria de 1920 (Bulos, 2019, p. 158).

À época, conforme explica Kildare Gonçalves Carvalho (2008, p. 361-363), a Europa enfrentava a problemática de quem caberia guardar custódia da Constituição. Nessa linha, dois teóricos se sobressaíram no debate: Carl Schmidt e Hans Kelsen.

Para Carl Schmidt, a guarda da Constituição do país deveria ficar nas mãos do presidente enquanto chefe de Estado. Por outro lado, Hans Kelsen defendia que a guarda da Constituição seria papel de um tribunal jurídico especialmente voltado a tal fim, denominado *Tribunal Constitucional*.

A Constituição austríaca de 1920 acabou por acolher as ideias de Hans Kelsen, com previsão de um controle concentrado exercido pelo Tribunal Constitucional. O Brasil, por sua vez, adotou o controle concentrado a partir da Constituição de 1934, ainda que inicialmente de forma bastante tímida.

O assunto como cobrado em concurso público

O histórico do controle de constitucionalidade é assunto de conhecimento imprescindível a todo aquele que vise prestar concursos públicos.

Nesse sentido, veja a questão objetiva a seguir, ora colocada de forma ilustrativa, procurando solucioná-la.

(VUNESP – 2018 – UNICAMP, Procurador de Universidade Assistente) O sistema de controle de constitucionalidade, chamado *austríaco*, que foi criado por inspiração de Hans Kelsen e integrou a Constituição da Áustria de 1920, deu origem ao denominado controle

A) preventivo.

B) difuso.

C) concentrado.

D) incidental.

E) *in concreto*.

Gabarito oficial: C.

Comentário:

Conforme visto, o controle concentrado de constitucionalidade guarda suas origens nos ensinamentos de Hans Kelsen, aplicado por países como a Áustria. No Brasil, ao seu turno, o controle concentrado se estabeleceu a partir da Constituição de 1934, com a figura da Representação Interventiva.

O texto constitucional de 1934 previa a Representação Interventiva (atualmente denominada Ação Direta de Inconstitucionalidade Interventiva – IF) enquanto mecanismo de controle concentrado (Mendes; Branco, 2015, p. 1086).

Mais além, em 1965, por força de emenda constitucional, houve o advento da Ação Direta de Inconstitucionalidade (ADI).

Contudo, foi com a Constituição da República Federativa Brasileira (CRFB) de 1988 que o controle concentrado de constitucionalidade ganhou notória amplificação, com a previsão de novas figuras e reconhecimento de novos legitimados para propositura das ações de controle concentrado.

Cada mecanismo possui suas especificidades e características. Portanto, importante se faz o estudo das ações de constitucionalidade elucidadas a seguir.

— 3.2 —
A Ação Direta de Inconstitucionalidade (ADI)

A ADI é um dos principais mecanismos para fins de realização de controle concentrado e abstrato de constitucionalidade de lei ou ato normativo.

Frisamos que a ADI é também denominada *ação de inconstitucionalidade genérica*, uma vez que, para fins de fiscalização da constitucionalidade das normas, há outros mecanismos, todos elucidados na presente obra.

Historicamente, em relação às anteriores Constituições brasileiras, podemos verificar que a figura da ADI foi introduzida com a Emenda Constitucional (EC) n. 16, em 1965. Contudo, foi a partir da Constituição de 1988 que a jurisdição constitucional se expandiu (Barroso, 2019, p. 186).

Isso porque, se antes, em 1965, a legitimidade para propositura da ADI era conferida apenas ao procurador-geral da República, atualmente, o rol de legitimados ativos, presente no art. 103 da Constituição, é maior, conforme será visto mais adiante.

Atualmente, a ADI genérica encontra previsão constitucional por meio do art. 102, inciso I, alínea "a", além da Lei n. 9.868, de 10 de novembro de 1999 (Brasil, 1999), que trata especificamente do processamento e do julgamento da ADI genérica perante o STF.

O objeto da ADI será toda lei ou todo ato normativo federal, estadual (ou distrital), conforme infere-se do art. 102, inciso I, "a", da Constituição brasileira. Desse modo, não cabe, em regra, ADI em face de lei ou ato normativo municipal.

Para recordar, recomendamos a leitura relativa ao objeto de controle de constitucionalidade explanado nessa obra, apresentado quando no estudo do conceito de controle de constitucionalidade.

O parâmetro, ao seu turno, será toda norma formalmente constitucional.

A competência, de acordo com o disposto no art. 102, inciso I, "a", da Constituição brasileira, é originária do STF. Também cumpre ressaltar que pode ser competente para julgar ADI havida em Constituição Estadual o Tribunal de Justiça do Estado.

No ponto, o foco maior consiste no estudo da ADI com base na Constituição Federal, de modo que não será objeto de estudo a ADI presente no âmbito das constituições dos estados-partes brasileiros e correlato julgamento por parte dos Tribunais de Justiça.

Ainda assim, em face da jurisprudência atualizada e de seu conhecimento imprescindível, é imperioso ressaltar um cenário possível no meio jurídico, no qual haja ADI proposta no STF e, ao mesmo tempo, ADI no âmbito do Tribunal de Justiça versando sobre o mesmo assunto.

O objeto da ADI será toda lei ou todo ato normativo federal, estadual (ou distrital), conforme infere-se do art. 102, inciso I, "a", da Constituição brasileira. Desse modo, não cabe, em regra, ADI em face de lei ou ato normativo municipal.

Como exemplo fático de situação de ADI envolvendo lei estadual, citamos a ADI 3937/SP, na qual o STF julgou que as leis estaduais que proíbem o uso do amianto são constitucionais, não acolhendo pedido de inconstitucionalidade nesse sentido (STF. Tribunal Pleno. ADI 3937/SP, Rel. orig. Min. Marco Aurélio, redator p/ o ac. Min. Dias Toffoli. Data de julgamento: 24/08/2017). Cuidou-se de caso com relação e impactos diversos, correlatos a situações ambientais, de trabalho etc.

No mais, importante ressaltar que o STF (2018a) analisou, em Plenário, o tema da coexistência de ADIs ao final de 2018, concluindo que:

> Coexistindo duas ações diretas de inconstitucionalidade, uma ajuizada perante o tribunal de justiça local e outra perante o Supremo Tribunal Federal (STF), o julgamento da primeira – estadual – somente prejudica o da segunda – do STF – se preenchidas duas condições cumulativas: 1) se a decisão do tribunal de justiça for pela procedência da ação e 2) se a inconstitucionalidade for por incompatibilidade com preceito da Constituição do Estado sem correspondência na Constituição Federal. Caso o parâmetro do controle de constitucionalidade tenha correspondência na Constituição Federal, subsiste a jurisdição do STF para o controle abstrato de constitucionalidade. (STF, Tribunal Pleno. ADI 3659/AM. Rel. Min. Alexandre de Moraes. Data de Julgamento: 13/12/2018)

Explica-se: caso haja ADI no âmbito do STF e, ao mesmo tempo, seja constatada ADI no Tribunal de Justiça local, já julgada, a ADI no STF não será considerada prejudicada de imediato (a ação não perderá o seu objeto). Será preciso, assim, analisar os requisitos aludidos pela jurisprudência.

Salientamos que se trata de situação na qual a ADI no âmbito estadual já foi julgada pelo Tribunal de Justiça competente, mas ainda há pendente análise de ADI proposta perante o STF.

Em um exemplo, ora colocado hipoteticamente, imagine que determinada lei estadual seja contestada tanto em face da respectiva constituição estadual, com uso dos mecanismos de controle perante o competente Tribunal de Justiça estadual, como é objeto de discussão no âmbito do STF, pela via do controle concentrado. Na situação, a ação perante o estado é julgada anteriormente.

Assim, para fins de resolução de tal caso, uma série de questionamentos devem ser respondidos para verificação da possibilidade ou não de continuidade de julgamento da ação de controle concentrado perante o STF, de acordo com os critérios fixados em julgados desse tribunal.

Verifique o resumo no fluxograma a seguir (Figura 3.1).

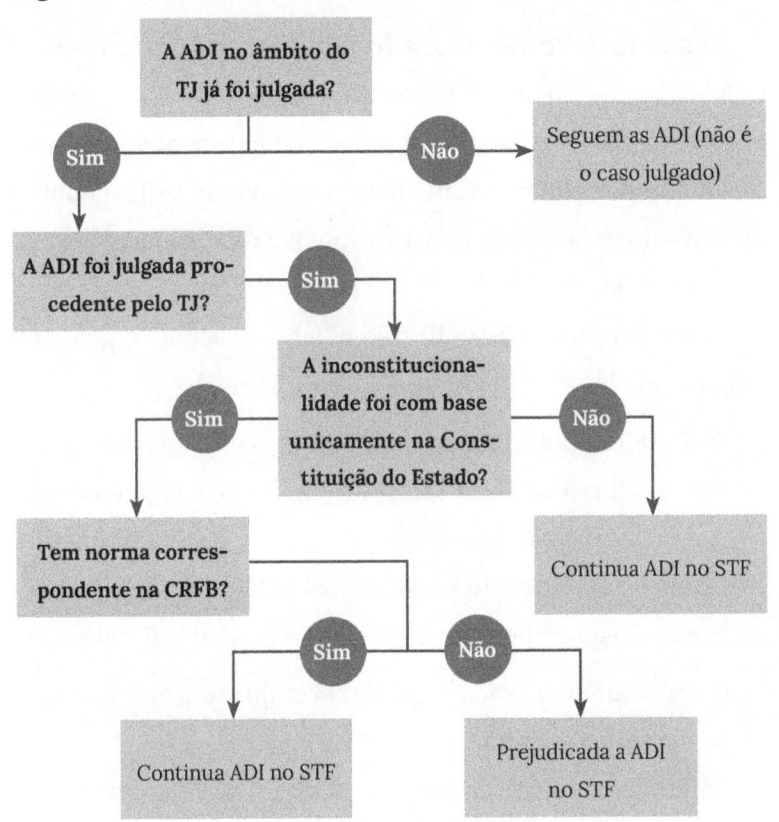

Figura 3.1 – Ação Declaratória de Inconstitucionalidade

```
                    A ADI no âmbito do
                    TJ já foi julgada?
            ┌──────────────┴──────────────┐
           Sim                           Não ──► Seguem as ADI (não é
            │                                     o caso julgado)
            ▼
   A ADI foi julgada pro-
   cedente pelo TJ? ──── Sim ────┐
            │                     ▼
            │            A inconstituciona-
            │            lidade foi com base
           Sim ──────── unicamente na Cons- ──── Não
            │            tituição do Estado?            │
            ▼                                           ▼
   Tem norma corres-                           Continua ADI no STF
   pondente na CRFB?
       ┌────┴────┐
      Sim       Não
       ▼         ▼
   Continua   Prejudicada a ADI
   ADI no STF    no STF
```

Frisamos que a questão da coexistência de ADIs, nesse sentido, é de conhecimento imprescindível na seara jurídica, de modo que é necessária a informação do recente julgado do STF a respeito do tema.

O assunto como cobrado em concurso público

O julgado do STF contido no Informativo 927 (STF, 2018f), a respeito da coexistência de ações de inconstitucionalidade, é cobrado por concursos públicos nos quais se exija o conhecimento do controle de constitucionalidade e da jurisprudência atualizada.

Nesse sentido, veja a questão objetiva a seguir e procure respondê-la.

(VUNESP – 2018 – Prefeitura de São Bernardo do Campo – SP, Procurador) A Lei X do Estado de São Paulo é objeto de controle concentrado perante o Tribunal de Justiça e, simultaneamente, é objeto também de ADI (Ação Direta de Inconstitucionalidade) perante o Supremo Tribunal Federal (STF).

Considerando a situação hipotética apresentada, assinale a alternativa correta.

A) Em face da hierarquia que detém o STF, a representação de inconstitucionalidade ajuizada perante o Tribunal de Justiça deve ser extinta, por prejudicialidade do objeto.

B) Se o STF declarar constitucional a Lei X perante a Constituição Federal, o Tribunal de Justiça poderá continuar o julgamento da representação, utilizando como parâmetro a Constituição Estadual.

C) O fenômeno do *simultaneus processus* não é admitido no ordenamento jurídico brasileiro, pois as leis estaduais não se sujeitam a uma dupla fiscalização.

D) Caso o STF declare inconstitucional a Lei X perante a Constituição Federal, a representação de inconstitucionalidade será suspensa até que o autor da ação diga se há interesse em prosseguir com o julgamento no âmbito estadual.

E) Se o STF declarar constitucional a Lei X perante a Constituição Federal, o Tribunal de Justiça deverá extinguir a representação, em face da perda superveniente do objeto.

Gabarito oficial: B.

Comentário: A questão visa averiguar se o candidato está ciente da jurisprudência recente, acerca da simultaneidade de processos no âmbito do STF e no Tribunal de Justiça.

Nessa situação, conforme visto, o STF já se pronunciou no sentido de que tal fenômeno é possível, nem sempre havendo perda superveniente do objeto (ou seja: o julgamento de ação de inconstitucionalidade no Tribunal de Justiça não possui o condão, por si só, de afetar ação de inconstitucionalidade proposta no STF), devendo ser observados requisitos cumulativos, quais sejam: se a decisão do Tribunal de Justiça for pela procedência da ação e se a inconstitucionalidade for por incompatibilidade com a Constituição Estadual e sem que tenha correspondência na Constituição Federal (STF, ADI 3659/AM. Rel. Min. Alexandre de Moraes. Data de Julgamento: 13/12/2018).

Seguindo, acerca dos legitimados para propositura da ADI, o art. 103 da Constituição prevê aqueles que poderão propor a ADI. Confira:

LEGITIMADOS PARA PROPOSITURA DA ADI: art. 103, I a IX, CRFB

- O presidente da República.
- A mesa do Senado Federal.
- A mesa da Câmara dos Deputados.
- A mesa de Assembleia Legislativa ou da Câmara Legislativa do Distrito Federal.
- O governador de Estado ou do Distrito Federal.
- O procurador-geral da República.
- O Conselho Federal da Ordem dos Advogados do Brasil (OAB).
- Partido político com representação no Congresso Nacional.
- Confederação sindical ou entidade de classe de âmbito nacional.

Sobre a jurisprudência acerca dos legitimados para propositura da ADI, já entendeu o STF que o estado-membro não possui legitimidade para recorrer (pela via dos embargos de declaração, por exemplo) contra decisões proferidas em sede de controle concentrado de constitucionalidade, uma vez que não estão elencados enquanto sujeitos processuais no rol previsto no art. 103 da Constituição brasileira (STF. Tribunal Pleno. ADI 4420-ED-AgR/SP, Rel. Min. Roberto Barroso. Data de julgamento: 05/04/2018).

Ao seu turno, acerca da confederação sindical, é preciso observar que não se trata de mero sindicato, ainda que de âmbito nacional, uma vez que, de acordo com reiterados julgados do STF, a estrutura sindical brasileira permite somente à Confederação Sindical (de grau hierárquico maior) a possibilidade de ajuizamento de ADI no STF (STF, ADI 5056-AgR/PE. Min. Rel. Celso de Mello. Data de Julgamento: 18/02/2014).

Vale frisar que a confederação sindical e a entidade de classe de âmbito nacional devem comprovar, na propositura da ação de inconstitucionalidade, a sua pertinência temática mediante demonstração de que a legislação ou o ato normativo contestado está atrelado às finalidades institucionais da confederação sindical e da entidade de classe.

Tratam-se, pois, dos denominados *legitimados especiais*, advindos por força da EC n. 45, de 30 de dezembro de 2004 (Brasil, 2004). Afora esses (confederação sindical de âmbito nacional e entidades de classe de âmbito nacional), os demais inscritos no art. 103 da Constituição são legitimados universais, dado que não possuem a necessidade de demonstração de liame da norma ou do ato normativo com suas finalidades institucionais.

O assunto como cobrado em concurso público

A questão da pertinência temática é tema objeto de questões várias em concursos públicos que demandem o conhecimento do controle de constitucionalidade.

Exemplificando, veja a questão objetiva a seguir e procure respondê-la.

(INSTITUTO AOCP – 2016 – EBSERH, Advogado UFPA) Acerca do controle de constitucionalidade, qual dos legitimados a seguir precisa comprovar pertinência temática para a propositura de Ação Direta de Inconstitucionalidade?

A) Presidente da República.

B) Conselho Federal da OAB.

C) Entidade de classe de âmbito nacional.

D) Mesa do Senado Federal.

E) Mesa da Câmara dos Deputados.

Gabarito oficial: C.

Comentário: Conforme visto, a confederação sindical ou a entidade de classe de âmbito nacional, previstas no inciso IX do art. 103 da Constituição brasileira, são legitimados que necessitam demonstração de pertinência temática ao propor ação de inconstitucionalidade em controle concentrado.

No ponto, ainda no que concerne às entidades, o STF, em recente e interessante julgado a respeito de norma acerca da autorização do trabalho de crianças e adolescentes em eventos de natureza artística, considerou possível que associação (no caso, a Associação Brasileira de Emissoras de Rádio e Televisão – Abert) proponha ADI em face de ato normativo a respeito da matéria. Conforme julgado e informação conferida por intermédio do Informativo n. 917 do STF (2018e):

> A Associação Brasileira de Emissoras de Rádio e Televisão (ABERT) possui legitimidade para propor ADI contra ato normativo que previa que a competência para autorizar o pedido de trabalho de crianças e adolescentes em espetáculos artísticos seria da Justiça do Trabalho.
>
> A ABERT enquadra-se no conceito de entidade de classe de âmbito nacional (art. 103, IX, da CF/88) e possui pertinência temática para questionar ato normativo que versa sobre esse tema, considerando a participação de crianças e adolescentes nos programas de suas associadas. (STF, Tribunal Pleno. ADI 5326/DF, Rel. Min. Marco Aurélio. Data de julgamento: 27/9/2018)

Por fim, ainda a respeito dos legitimados, sugere-se atenção redobrada para o fato de que há, no âmbito do Poder Legislativo, projetos de emenda constitucional para fins de ampliação do rol do art. 103 da Constituição, para permitir a inclusão da figura do defensor-público geral, conforme pode-se aferir, por exemplo, da Proposta de Emenda Constitucional n. 31, de 2017, a qual já foi aprovada no âmbito do Senado e atualmente está em análise na Câmara dos Deputados.

Atenção!
Vale ficar atento à PEC 31/2017, que visa incluir, no rol do art. 103 da Constituição, a figura do defensor-público geral como legitimado para propositura de ADI ou de ADC.

Dispõe, ainda, o art. 103, em seu parágrafo 1º, que, em qualquer caso, o procurador-geral da República será ouvido (atente-se: não se trata de citação, mas de manifestação a ser apresentada pelo procurador-geral), ao passo que a defesa da constitucionalidade e da legalidade da norma federal impugnada será realizada por meio da Advocacia Geral da União (AGU), conforme previsto no parágrafo 3º do art. 103.

O assunto como cobrado em concurso público
O tema em questão, disposto no art. 103, parágrafo 1º, da Constituição brasileira, já foi cobrado diversas vezes em certames públicos.

Como exemplo, veja a questão objetiva a seguir e procure respondê-la.

> (Quadrix – 2019 – CREA-GO, Analista, Advogado) Quanto às regiões metropolitanas, à Federação e à Advocacia-Geral da União, julgue o item.
>
> O advogado-geral da União, por exercer a função de curador da presunção de constitucionalidade da lei, quando expressamente autorizado pelo presidente da República, mediante decreto, será parte legítima para a propositura de ação direta de inconstitucionalidade de leis ou atos normativos federais ou estaduais, contestados em face da Constituição Federal de 1988.
> ( ) Certo
> ( ) Errado
>
> **Gabarito oficial**: Errado.
>
> **Comentário**: Conforme visto, à luz da Constituição, o advogado-geral da União exerce o papel de defesa da lei discutida, não estando presente no rol do art. 103 da Constituição brasileira.

O procedimento e o julgamento da ADI encontram previsão específica por meio da Lei n. 9.868/1999, mas cabe ressaltar os pontos de maior relevância e incidência prática.

A petição inicial apresentada por um dos legitimados deverá observar as formalidades previstas no art. 3º da Lei n. 9.868/1999, sendo possível o pedido e o deferimento de medida liminar.

Aqueles legitimados que necessitem de assistência jurídica, por meio de advogado – a exemplo maior dos partidos políticos com representação no Congresso e confederações sindicais/entidades de classe de âmbito nacional –, deverão outorgar procuração dotada de efeitos especiais para ajuizamento de ADI, especificando o ato contra o qual se insurge, conforme entende o STF (STF. Tribunal Pleno. ADI 4409/SP, Rel. Min. Alexandre de Moraes. Data de julgamento: 06/06/2018).

Durante a ADI, o STF possui o poder de requisitar perícias, informações e designar audiência pública para discussão, com a possibilidade de contar com *amicus curiae*, em que pese o art. 7º da Lei n. 9.868/1999 proíba expressamente a intervenção de terceiros no processo de ADI.

Com efeito, a figura do *amicus curiae*, enquanto terceiro, pessoa jurídica ou natural, com funções institucionais, apto a auxiliar os julgadores, possui o poder de influenciar nas decisões do STF e de determinar os rumos da interpretação dada à norma constitucional (Medina, 2010).

A respeito do tema *amicus curiae*, ressalta-se a importância da leitura do Código de Processo Civil (CPC) – Lei n. 13.105, de 6 de março de 2015 (Brasil, 2015) –, que disciplina tal figura no seu art. 138 e parágrafos.

Vale frisar, não obstante, a recente jurisprudência do STF, no sentido de que não cabe recurso em face da decisão do relator que admite ou inadmite o ingresso do *amicus curiae* no processo (STF. Plenário. RE 602584-AgR/DF, Rel. para acórdão Min. Luiz Fux. Data de julgamento: 17/10/2018).

Como exemplo fático de *amicus curiae* em ADI, cite-se o julgamento do Tribunal acerca de cigarros com aroma e sabor. A análise de norma da Agência Nacional de Vigilância Sanitária (Anvisa) que tratava sobre o tema, discutida na ADI n. 4874/DF, contou com o auxílio de diversos *amici curiae* de áreas variadas, como a seara da saúde, pessoas da indústria do tabaco, entre diversas outras dotadas de informações relevantes ao deslinde da causa. Ao fim, o STF entendeu pela constitucionalidade da proibição de aditivos de aroma e sabor no cigarro (constitucionalidade da norma da Anvisa).

De modo geral, a decisão proferida na ADI terá eficácia contra todos (*erga omnes*), efeito vinculante e *ex tunc*, podendo ter seus efeitos modulados por meio da vontade de dois terços (2/3) dos membros do STF, conforme possibilita o art. 27 da Lei n. 9.868/1999.

Ainda, da decisão que julgar procedente ou improcedente o pedido feito em ADI não cabe recurso nem ação rescisória, consoante prevê o art. 26 da Lei n. 9.868/1999.

No mais, o STF já se pronunciou no sentido de que é desnecessário o trânsito em julgado para que a decisão proferida em ADI seja cumprida (STF. Tribunal Pleno. Rcl 2.576-4/SC, Rel. Min. Ellen Gracie. Data de julgamento: 23/06/2004).

Em outras palavras, os efeitos da decisão proferida em ADI começam desde a data de julgamento do mérito, sendo desnecessário aguardar a data do trânsito em julgado – até mesmo porque, da decisão proferida em ADI, pode haver oposição de embargos de declaração, por exemplo.

Por outro lado, é preciso atenção para o fato de que, de acordo com o posicionamento jurisprudencial, "a decisão do STF que declara a constitucionalidade ou a inconstitucionalidade de lei ou ato normativo não produz a automática reforma ou rescisão das sentenças anteriores que tenham adotado entendimento diferente" (STF, 2015b).

Nesse sentido, como regra geral, não se revela possível relativizar coisa julgada de decisão que teve por base legislação considerada, posteriormente, inconstitucional em âmbito de controle concentrado de constitucionalidade.

Na prática, a ADI recai sobre variados aspectos sociais e sobre as mais diversas searas jurídicas possíveis, com impactos concretos, aferíveis direta ou indiretamente, no cotidiano dos brasileiros.

Apenas como exemplo, podemos citar, no âmbito do Direito Social e do Direito do Trabalho, a inconstitucionalidade da lei que autoriza o trabalho insalubre de gestantes e lactantes, conforme ADI julgada pelo STF em 2019 (STF. Tribunal Pleno. ADI 5938/DF, Rel. Min. Alexandre de Moraes. Data de julgamento: 29/05/2019).

Em outros termos, foi por força de julgamento proferido em ADI, em interpretação ao texto constitucional, que atualmente é terminantemente proibido o trabalho da gestante ou da lactante em atividades insalubres.

Um outro exemplo fático de uso da ADI é a inconstitucionalidade de lei estadual que obrigue loja concessionária a fornecer um carro reserva ao cliente que está aguardando o conserto do seu veículo, conforme decisão do STF proferida em 2018 (STF. Tribunal Pleno. ADI 5158/PE, Rel. Min. Roberto Barroso. Data de julgamento: 06/12/2018). Tal decisão, por certo, traz impactos nas mais diversas áreas, como a seara de Direito do Consumidor e de Direito Civil, por exemplo.

Vários outros exemplos poderiam ser mencionados, de modo que as questões trazidas são apenas algumas em relação a todo um universo da ADI, voltada justamente para discutir a compatibilidade de normas com a Constituição brasileira.

Para o ano de 2020, vale ficar ligado em atualizações legislativas e novas ADIs propostas, a exemplo maior da ADI n. 6298/DF, proposta ao final de dezembro de 2019, que contesta a figura do "juiz de garantias", trazida por força de alterações legislativas no Código Penal (CP) e no Código de Processo Penal (CPP).

Ademais, não deixe de analisar, junto com a ADI, a figura da Ação Declaratória de Constitucionalidade (ADC), apresentada na presente obra, uma vez que são figuras irmãs, dotadas de aproximações relevantes no julgamento em controle concentrado de constitucionalidade da norma.

Ante todo o exposto, a respeito da figura jurídica da ADI como mecanismo de controle concentrado de constitucionalidade, veja na sequência o resumo da matéria.

Em síntese

Ação Direta de Inconstitucionalidade (ADI)	
Previsão constitucional e legal	▪ Art. 102, I, "a", CRFB. ▪ Lei n. 9.868/1999.
Características principais	Finalidade maior de discutir a inconstitucionalidade de lei ou ato normativo.
Competência	Supremo Tribunal Federal (STF). **Observação:** Pode haver ADI no âmbito dos estados-partes, sendo o respectivo Tribunal de Justiça competente para processamento e julgamento.
Legitimados para propor ADC	Art. 103, I a IV, CRFB.
Efeitos da decisão	▪ Decisão vinculante, *erga omnes* (com eficácia contra todos) e *ex tunc*. ▪ Possibilidade de modulação dos efeitos (art. 27 da Lei n. 9.868/1999). **Observação:** Da decisão final não cabe recurso nem ação rescisória.

— 3.3 —

A Ação Direta de Inconstitucionalidade por Omissão (ADO)

Ante a omissão do Estado em assuntos constitucionais, a Constituição brasileira de 1988 prevê, por intermédio do art. 102, inciso I, alínea "a", o instrumento da Ação Direta de Inconstitucionalidade por Omissão (ADO).

Conforme lembra a doutrina, trata-se de uma importante inovação constitucional, com inspiração na Constituição portuguesa de 1976 (Ferreira Filho, 2018, p. 65), tendo a finalidade maior de fazer valer as normas constitucionais.

Figura 3.2 – Charge em comemoração aos 30 anos da Constituição, conquistados em 5 de outubro de 2018.

BRUM (TRIBUNA DO NORTE)

Certamente, você já deve ter escutado no seu cotidiano pessoas dizendo frases como "a Constituição é linda, mas não sai do papel!", ou, ainda, "a Constituição traz tantos direitos! Bom mesmo se tudo isso fosse visto e efetivamente garantido!".

Ora, foi justamente para garantir os direitos e as demais normas da Constituição que o constituinte trouxe a possibilidade, por parte dos legitimados previstos no rol do art. 103, de utilização da ADO em sede de controle concentrado, com disciplina processual dada por meio da Lei n. 12.063, de 27 de outubro de 2009 (Brasil, 2009b).

Além disso, no controle difuso também há previsão de figuras no combate à omissão do Poder Público da observância das normas constitucionais, a exemplo maior do Mandado de Injunção. Por isso mesmo, é insuficiente afirmar meramente que "a Constituição não sai do papel" ou "não vira realidade". É preciso constatarmos como o instituto da ADO vem sendo utilizado e suas situações aplicadas.

A ADO é utilizada, como visto, para fins de combate da ausência (omissão) de medida regulamentadora de artigo da Constituição. Ainda, tal omissão normativa pode ser constatada em qualquer um dos Três Poderes: no Poder Legislativo, no Poder Executivo ou no Poder Judiciário (Barroso, 2019, p. 140).

Tal omissão pode ser classificada como *omissão total* (absoluta) ou *omissão parcial*. A omissão será **total** quando ausente completamente o cumprimento da norma constitucional, conforme o exemplo clássico da ausência de legislação que regulamente direito de greve dos servidores públicos. Já a omissão **parcial** é aquela que chega a regulamentar o tema constitucional, mas de maneira insuficiente ou, ainda, sem atendimento à integralidade do que dispõe a Constituição.

Nessa linha, a doutrina costuma distinguir a omissão parcial em *omissão parcial propriamente dita* e *omissão parcial relativa* (Carvalho, 2008, p. 484). Assim, a omissão parcial propriamente dita seria aquela na qual a atuação do legislador competente se dá de modo insuficiente, ao passo que a omissão parcial relativa seria aquela que, em violação ao princípio da isonomia, exclui determinada categoria da norma (Carvalho, 2008, p. 484).

Em síntese

A omissão poderá ser	
TOTAL	PARCIAL ■ Parcial propriamente dita → Viola o princípio da isonomia. ■ Parcial relativa → Regulamentação insuficiente.

A competência da ADO, de acordo com o art. 102, I, "a", da Constituição brasileira, é originária do STF e a legitimidade é a mesma daquela conferida à ADI genérica.

LEGITIMADOS PARA PROPOSITURA DA ADO: os mesmos da ADI genérica (Art. 103, I a IX, CRFB)

- O Presidente da República.
- A Mesa do Senado Federal.
- A Mesa da Câmara dos Deputados.
- A Mesa de Assembleia Legislativa ou da Câmara Legislativa do Distrito Federal.
- O governador de estado ou do Distrito Federal.
- O procurador-geral da República.
- O Conselho Federal da Ordem dos Advogados do Brasil (OAB).

- Partido político com representação no Congresso Nacional.
- Confederação sindical ou entidade de classe de âmbito nacional.

É possível, desde logo, segundo o art. 12-F da Lei n. 12.063/2009, o pedido de medida cautelar na ADO, a ser deferida mediante maioria absoluta do STF, em caso de excepcional urgência e relevância da matéria.

De todo modo, ressalte-se que pode haver a figura da ADO no âmbito das Constituições dos respectivos estados-partes do Brasil, quando então a competência para análise e julgamento será do âmbito dos Tribunais de Justiça.

O foco maior desta obra, contudo, será o estudo da ADO na perspectiva federal, com base maior na Constituição da República Federativa Brasileira e previsão legal, doutrinária e jurisprudencial a respeito.

A Lei n. 12.063/2009, como já aqui comentado, dispõe sobre o procedimento, de modo que resta vermos suas peculiaridades e seus pontos essenciais. No caso, se reconhecida a inconstitucionalidade por omissão, o STF dará ciência ao Poder competente (Legislativo, Executivo e Judiciário) para fins de adoção das ações necessárias à concretização das normas constitucionais.

E aqui é importante lembrar um princípio importante que guia o ordenamento jurídico brasileiro, qual seja: o **princípio**

da separação de poderes. Isso porque, em face da constatação de omissão legislativa, o STF, como parte do Poder Judiciário, não pode editar, como lhe aprouver, normas no local do Poder Legislativo.

Nessa medida, a declaração de inconstitucionalidade serve muito mais como uma constatação da omissão (Ferreira Filho, 2018, p. 64), fazendo com que o Poder Legislativo se mobilize para a realização da norma necessária.

Já quando a medida deve ser tomada pelos órgãos administrativos, a própria Lei n. 12.063/2009, no art. 12-H, prevê o prazo de trinta dias para tomada da providência necessária.

Novamente, vale o alerta de que não se deve confundir a figura da ADO com o remédio de Mandado de Injunção, que é utilizado na via do controle difuso com discussão de direito subjetivo para fins de viabilizar o exercício de um direito ou liberdade constitucional referente à nacionalidade, à soberania e à cidadania, podendo ser exercido de modo individual ou, ainda, de forma coletiva, de acordo com a Lei do Mandado de Injunção – Lei n. 13.300, de 23 de junho de 2016 (Brasil, 2016).

Por isso mesmo, é possível afirmar que a omissão do Estado pode ser combatida tanto pela via concentrada, por meio do uso da ADO, quanto por meio da via difusa, instrumentalizada por meio do Mandado de Injunção.

Acerca das principais diferenças entre a ADO e o Mandado de Injunção, observe o quadro explicativo a seguir.

Quadro 3.1 – Principais diferenças entre a Ação Direta de Inconstitucionalidade por Omissão (ADO) e o Mandado de Injunção

Ação Direta de Inconstitucionalidade por Omissão (ADO)	Mandado de Injunção
Modalidade de controle concentrado e concreto de constitucionalidade.	Instrumento de controle difuso e abstrato de constitucionalidade.
Previsão: art. 102, I, "a", CRFB, e Lei n. 12.063/2009.	**Previsão**: art. 5º, LXXI, CRFB, e Lei n. 13.300/2016.
Legitimados: Os mesmos da ADI genérica (art. 103, CRFB).	**Legitimados**: ■ Mandado de Injunção Individual: qualquer pessoa. ■ Mandado de Injunção Coletivo: art. 12 da Lei n. 13.300/2016.
Competência: Supremo Tribunal Federal (STF) **Observação**: Pode haver ADO no âmbito dos estados-partes, com o respectivo Tribunal de Justiça competente para o julgamento.	**Competência**: Qualquer órgão do Poder Judiciário que seja competente para julgar a autoridade que cometeu a omIssão.
Decisão final: Reconhece a necessidade de regulamentação da omissão.	**Decisão final**: Traz condições para efetivação do direito violado e determina prazo razoável para autoridade competente realizar a norma.

De forma fática e exemplificativa da ADO, citamos a ADO 26, na qual o STF, em 2019, entendeu que haveria presente a omissão inconstitucional do legislador ao não observar a necessidade de criminalização de atos contra pessoas integrantes do grupo minoritário traduzido pela sigla LGBTQ+ (Lésbicas, Gays, Bissexuais, Travestis, Transexuais e Transgêneros e outros), tais como atos de homofobia e de transfobia.

Nessa situação em específico, discutia-se se as ações homofóbicas e transfóbicas não deveriam ser punidas penalmente, uma vez que a Constituição brasileira protege a liberdade sexual das pessoas e veda ações injuriosas. O STF culminou por reconhecer que ainda não há legislação específica a respeito do tema, mas as condutas homofóbicas e transfóbicas não encontram guarida constitucional, ao que é possível, até a realização de ato legislativo, a proteção por meio da utilização da Lei n. 7.716/1989, conhecida popularmente como *Lei do Racismo*.

Ante a relevância e a atualidade do tema versado nesse julgado, transcrevemos a seguir a tese do STF fixada durante o julgamento da ADO 26 (STF. Plenário. ADO 26/DF, Rel. Min. Celso de Mello; MI 4733/DF, Rel. Min. Edson Fachin. Data de julgamento: 13/06/2019), conforme informado na publicação do Informativo n. 944 do STF (2019a):

> Na ADO [n. 26], o colegiado, por maioria, fixou a seguinte tese: "1. Até que sobrevenha lei emanada do Congresso Nacional destinada a implementar os mandados de criminalização definidos nos incisos XLI e XLII do art. 5º da Constituição da República, as condutas homofóbicas e transfóbicas, reais ou supostas, que envolvem aversão odiosa à orientação sexual ou à identidade de gênero de alguém, por traduzirem expressões de racismo, compreendido este em sua dimensão social, ajustam-se, por

identidade de razão e mediante adequação típica, aos preceitos primários de incriminação definidos na Lei nº 7.716, de 08.01.1989, constituindo, também, na hipótese de homicídio doloso, circunstância que o qualifica, por configurar motivo torpe (Código Penal, art. 121, § 2º, I, "in fine"); 2. A repressão penal à prática da homotransfobia não alcança nem restringe ou limita o exercício da liberdade religiosa, qualquer que seja a denominação confessional professada, a cujos fiéis e ministros (sacerdotes, pastores, rabinos, mulás ou clérigos muçulmanos e líderes ou celebrantes das religiões afro-brasileiras, entre outros) é assegurado o direito de pregar e de divulgar, livremente, pela palavra, pela imagem ou por qualquer outro meio, o seu pensamento e de externar suas convicções de acordo com o que se contiver em seus livros e códigos sagrados, bem assim o de ensinar segundo sua orientação doutrinária e/ou teológica, podendo buscar e conquistar prosélitos e praticar os atos de culto e respectiva liturgia, independentemente do espaço, público ou privado, de sua atuação individual ou coletiva, desde que tais manifestações não configurem discurso de ódio, assim entendidas aquelas exteriorizações que incitem a discriminação, a hostilidade ou a violência contra pessoas em razão de sua orientação sexual ou de sua identidade de gênero; 3. O conceito de racismo, compreendido em sua dimensão social, projeta-se para além de aspectos estritamente biológicos ou fenotípicos, pois resulta, enquanto manifestação de poder, de uma construção de índole histórico-cultural motivada pelo objetivo de justificar a desigualdade e destinada ao controle ideológico, à dominação política, à subjugação social e à negação da alteridade, da dignidade e da humanidade daqueles que, por integrarem grupo vulnerável (LGBTI+) e por não pertencerem ao estamento que detém posição de hegemonia em uma dada estrutura social, são considerados estranhos e diferentes, degradados à condição de marginais do ordenamento jurídico, expostos, em consequência de odiosa inferiorização e de perversa estigmatização, a uma injusta e lesiva situação de exclusão do sistema geral de proteção do direito".

Também como exemplo, cabe menção à ADO n. 27/DF, ainda sem julgamento definitivo, que versa sobre a questão de se haveria inconstitucionalidade ou não na ausência de instituição de imposto sobre grandes fortunas. Por tratar-se de assunto de grande relevância aos cidadãos brasileiros, com impactos financeiros e tributários ao Estado, é preciso ficar atento a uma futura decisão do STF referente à ADO mencionada ou, quiçá, à edição de lei que disponha sobre a criação desse imposto.

O assunto como cobrado em concurso público

É primordial saber como atuar ante as omissões do Estado, tratando-se de tema presente na vida prática e assunto recorrente nos concursos públicos de diversas áreas.

Nesse sentido, veja a questão a seguir e procure solucioná-la.

(NC-UFPR – 2019 – Prefeitura de Curitiba/PR, Procurador) Segundo Daniel Wunder Hachem (2012), "a temática da omissão do Estado em regulamentar o exercício de direitos fundamentais insere-se na discussão acerca do controle de constitucionalidade por omissão (ainda que não se limite a ela), haja vista que em tais circunstâncias a inação do Poder Público importa descumprimento de comandos constitucionais".

A respeito do assunto, é correto afirmar:

A) O controle difuso de constitucionalidade não se aplica à inconstitucionalidade por omissão.

B) A omissão estatal inconstitucional poderá dizer respeito tanto ao exercício da função legislativa quanto ao exercício da função administrativa.

C) O modelo de controle concentrado de constitucionalidade foi pioneiramente adotado pela França, sob influência do pensamento de Léon Duguit.

D) Segundo o texto constitucional, declarada a omissão para tornar efetiva uma norma constitucional por parte de órgão administrativo, será a ele dado ciência para que promova as providências necessárias no prazo máximo de um ano.

E) Segundo o atual sistema constitucional brasileiro e a interpretação consolidada do STF em relação à matéria, não existe mais diferença jurídica ou processual detectável entre a ação direta de inconstitucionalidade por omissão e o mandado de injunção.

Gabarito oficial: B.

> **Comentário:** Conforme visto, a omissão constitucional pode ocorrer no âmbito dos Três Poderes, sendo combatida pela modalidade concentrada, por meio da ADO, ou pela modalidade difusa, por meio do uso de Mandado de Injunção, cada qual com suas características e seu cabimento.

Por fim, para sintetizar todo o exposto, segue o quadro esquematizado a respeito da ADO enquanto mecanismo de controle concentrado de constitucionalidade no Brasil.

Em síntese

Ação Direta de Inconstitucionalidade por Omissão (ADO)	
Previsão constitucional e legal	▪ Art. 102, I, "a", CRFB. ▪ Lei n. 12.063/2009.
Características principais	▪ Omissão total ou parcial. ▪ Finalidade de evitar inefeDividadeIconstitucionaO.
Competência	Supremo Tribunal Federal (STF). **Observação:** Pode haver ADO no âmbito das Constituições estaduais (competência dos Tribunais de Justiça).
Legitimados para propor ADO	Art. 103, I a IV, CRFB.
Efeitos da decisão	▪ Declaração da omissão constitucional. ▪ Se houver necessidade de realização de conduta de órgão administrativo: 30 dias para cumprimento.

— 3.4 —
A Ação Direta de Inconstitucionalidade Interventiva (IF)

Conhecida antigamente como *Representação Interventiva* (por vezes até hoje assim denominada), a Ação Direta de Inconstitucionalidade Interventiva (IF) é voltada à proteção dos princípios constitucionais sensíveis, elencados pelo rol do art. 34, inciso VII, da Constituição brasileira. São eles:

> Art. 34. A União não intervirá nos Estados nem no Distrito Federal, exceto para:
>
> [...]
>
> VII – assegurar a observância dos seguintes princípios constitucionais:
>
> a) forma republicana, sistema representativo e regime democrático;
>
> b) direitos da pessoa humana;
>
> c) autonomia municipal;
>
> d) prestação de contas da administração pública, direta e indireta;
>
> e) aplicação do mínimo exigido da receita resultante de impostos estaduais, compreendida a proveniente de transferências, na manutenção e desenvolvimento do ensino

e nas ações e serviços públicos de saúde. (Redação dada pela Emenda Constitucional n° 29, de 2000) (Brasil, 1988a)

Além disso, também é utilizada para garantir a aplicação de lei federal por parte de estado-membro que recuse seu cumprimento, conforme previsto também no art. 36, inciso III, da Constituição brasileira, advindo por força da EC n. 45/2004. De acordo com o texto:

> Art. 36. A decretação da intervenção dependerá:
>
> [...]
>
> III – de provimento, pelo Supremo Tribunal Federal, de representação do Procurador-Geral da República, na hipótese do art. 34, VII, e no caso de recusa à execução de lei federal. (Redação dada pela Emenda Constitucional n° 45, de 2004) (Brasil, 1988a)

A IF é tratada especificamente por meio da Lei n. 12.562, de 23 de dezembro de 2011 (Brasil, 2011), que cuida da regulamentação do inciso III do art. 36 da Constituição, dispondo sobre o processo e o julgamento da representação interventiva perante o STF.

A IF cuida-se, nessa linha, de uma das hipóteses de intervenção, como exceção à regra geral de que a intervenção não é permitida (princípio da não intervenção), requerida por meio de representação do procurador-geral da República (único legitimado a propor tal ação) e de competência de conhecimento e de julgamento do STF, conforme dispõe o art. 36, inciso III, da Constituição brasileira.

Nessa ação, se julgada procedente, o STF oficia o presidente da República, requisitando a decretação para fins de efetivação da intervenção (Tavares, 2019, p. 1187). Aqui, pois, há discussão doutrinária se a decisão do STF teria força obrigatória ou não, não havendo posicionamento pacificado (Tavares, 2019, p. 1188).

No mais, à luz do art. 7º, parágrafo único, da Lei n. 12.562/2011 e de acordo com parte da doutrina (a exemplo de Pedro Lenza, 2019), em tese cabe *amicus curiae* na IF, aplicando, por analogia, o art. 7º, parágrafo 2º, da Lei n. 9.868/1999, que trata da ADI genérica (Lenza, 2019, p. 367).

Apesar de mencionada aqui como uma forma de mecanismo de controle concentrado das normas constitucionais, não é um controle abstrato, como nas demais figuras vistas nesta aula (ADI, ADO, ADC). Assim, a IF não estaria inserida "no contexto de controle concentrado-abstrato, tampouco [seria] uma forma de controle concreto de constitucionalidade" (Tavares, 2019, p. 1187).

Em realidade, é considerado um controle concentrado na medida em que decidido de forma concentrada em um único tribunal – o STF. Por outro lado, é um controle concreto porque verifica a situação do estado-membro objeto de intervenção. De toda forma, a IF é reconhecida como modo de controle de constitucionalidade, ainda que carregado de questões políticas.

O assunto como cobrado em concurso público

Saber as finalidades e as particularidades da IF é essencial a todo aquele que vise prestar concurso público. Nesse sentido, ainda que a incidência específica do tema seja menor que a maioria dos assuntos relacionados ao controle de constitucionalidade, saber tal ponto pode ser o diferencial do candidato no certame público pretendido.

Confira a seguir um exemplo de questão de prova objetiva de concurso público e procure respondê-la.

(VUNESP – 2014 – SAP-SP, Executivo Público) O instrumento jurisdicional de controle de constitucionalidade que consiste em representação do Procurador-Geral da República junto ao Supremo Tribunal Federal, visando possibilitar a decretação de intervenção da União nos Estados ou no Distrito Federal, em razão da violação de algum dos princípios constitucionais sensíveis, é denominado

A) arguição de descumprimento de preceito fundamental.

B) ação declaratória de inconstitucionalidade.

C) ação declaratória de constitucionalidade

D) ação direta de inconstitucionalidade interventiva.

E) ação direta de inconstitucionalidade por omissão.

Gabarito oficial: D.

> **Comentário:** A questão traz as palavras-chave que caracterizam a IF, como "representação do Procurador-Geral da República", "decretação de intervenção" e "violação a princípios constitucionais sensíveis". Por isso mesmo, correta a letra "D".

Como exemplo fático, citamos a representação interventiva a respeito do Estado do Rio Grande do Sul (RS), formulada por conta da ausência de pagamento de valores requisitados em precatórios. Contudo, o STF não acolheu a proposta de intervenção.

Nessa situação, importante considerar que o STF consignou expressamente que a intervenção federal só poderá ser decretada em face de Estado que tenha deixado de pagar precatórios acaso "comprovado que esse descumprimento é voluntário e intencional. Se ficar provado que não pagou por dificuldades financeiras não há intervenção" (STF. Tribunal Pleno. IF 5101/RS, IF 5105/RS, IF 5106/RS, IF 5114/RS, Min. Rel. Cezar Peluso. Data de julgamento: 28/03/2012. Info 660).

Como um outro exemplo, citamos a questão da representação interventiva formulada perante atos de corrupção assolados no âmbito do Distrito Federal. Não obstante, em razão da severidade do instituto da intervenção, a proposta não foi acolhida pelo Supremo, o qual entendeu que há outros mecanismos institucionais, menos agressivos ao organismo distrital, para resolver a corrupção em âmbito local (STF. Tribunal Pleno. IF 5179/DF, Min. Rel. Cezar Peluso. Data de julgamento: 30/06/2010).

Desse modo, consoante os exemplos dados, podemos afirmar que a intervenção no estado-membro ou município será a *ultima ratio*, o último recurso a ser utilizado, sendo admissível apenas quando já não for mais possível encontrar outras soluções plausíveis e em face de violações aos princípios sensíveis da Constituição brasileira, bem como quando constatada que as crises institucionais ou municipais foram derivadas de descumprimento voluntário e intencional. Ademais, vale ressaltar que o propósito da IF se dirige ao controle de constitucionalidade das leis, para fazer valer os ditames constitucionais (Mendes; Branco, 2012, p. 7).

Em síntese

Ação Direta de Inconstitucionalidade Interventiva (IF)	
Previsão constitucional e legal	■ Art. 36, III; art. 34, VII, CRFB. ■ Lei n. 12.562/2011.
Características principais	■ Cabível para violação a princípios constitucionais sensíveis. ■ Garantia de aplicação de lei federal por parte de estado-membro que recuse seu cumprimento.
Competência	Supremo Tribunal Federal (STF).
Legitimados para propor ADO	Procurador-geral da República.
Efeitos da decisão	Emissão de ofício ao presidente da República para fins de decretação de intervenção.

— 3.5 —
Ação Declaratória de Constitucionalidade (ADC)

Na Figura 3.3, a seguir, constam os seguintes dizeres traduzidos: "Pare a violência contra mulheres", em alusão, na presente obra, à ação que declarou constitucional a Lei Maria da Penha, que protege as mulheres contra a violência de gênero em âmbito familiar e doméstico. Para saber mais, leia o presente tópico e veja os exemplos.

Figura 3.3 – Ilustração "Pare a violência contra mulheres"

A Ação Declaratória de Constitucionalidade (ADC) encontra previsão constitucional no art. 102, inciso I, "a", e parágrafo 2º do mesmo artigo. Da leitura desses dispositivos, infere-se que é de competência do STF conhecer e julgar a ADC, dado seus requisitos e processamento por meio da Lei n. 9.868/1999.

Vale observar que a ADC foi prevista por meio de emenda constitucional, a EC n. 3/1993, voltada para afastar, definitivamente, qualquer dúvida sobre a legitimidade de uma norma, consoante explicitam Mendes e Branco (2015, p. 1101).

O assunto como cobrado em concurso público

É importante não confundir a figura da ADC com a da ADI, ainda que tais mecanismos guardem similitudes.

Assim sendo, o conceito de ADC é relevante e assunto cobrado em provas de concursos públicos das mais diversas áreas.

Como exemplo, confira a questão da prova objetiva a seguir e procure respondê-la.

(VUNESP – 2019 – TJ-RS, Titular de Serviços de Notas e de Registros – Remoção) Dentre as diversas ações de controle de constitucionalidade existentes no direito brasileiro, aquela que tem por objetivo transformar uma presunção relativa de constitucionalidade em absoluta é a

A) Ação Direta de Inconstitucionalidade.

B) Ação Declaratória de Constitucionalidade.

C) Representação Interventiva Federal.

D) Arguição de Descumprimento de Preceito Fundamental.
E) Ação Direta de Inconstitucionalidade por Omissão.

Gabarito oficial: B.

Comentário: A questão traz justamente a finalidade da ADC. Nesse sentido, conforme visto, a ADC visa eliminar incertezas da lei, de modo a conferir presunção absoluta ao texto normativo.

O Objeto da ADC é toda lei ou ato normativo federal. Ressaltamos que, aqui, o cabimento é apenas para leis ou atos federais, não sendo aceito ADC em face de leis ou atos estaduais (ao contrário do objeto da ADI, que abrange discussão de normas estaduais). Por sua vez, o parâmetro da ADC será toda e qualquer norma formalmente constitucional.

Nesse ponto, cabe salientar que pode haver previsão da ADC no âmbito das constituições dos estados-partes brasileiros, sendo que, nesse caso, a competência será do respectivo Tribunal de Justiça, bem como objeto e parâmetro serão distintos.

Não obstante a importância da ADC aos estados-membros, a presente obra possui enfoque principal no estudo da ADC no seu âmbito federal, tomado com base na Constituição da República Brasileira e lei correspondente.

Sobre os legitimados para propositura da ADC, conforme prevê o art. 103 da Constituição, são os mesmos da ADI genérica. Interessante notar que a abrangência daqueles que podem propor a ADC só foi conferida com o advento da EC n. 45/2004, uma vez que anteriormente só era possível a alguns entes e pessoas proporem tal ação, consubstanciados no parágrafo 4º do art. 103, atualmente revogado.

LEGITIMADOS PARA PROPOSITURA DA ADC (conforme a EC n. 45/2004): os mesmos da ADI genérica (art. 103, I a IX, CRFB):

- O presidente da República.
- A Mesa do Senado Federal.
- A Mesa da Câmara dos Deputados.
- A Mesa de Assembleia Legislativa ou da Câmara Legislativa do Distrito Federal.
- O governador de estado ou do Distrito Federal.
- O procurador-geral da República.
- O Conselho Federal da Ordem dos Advogados do Brasil (OAB).
- Partido político com representação no Congresso Nacional.
- Confederação sindical ou entidade de classe de âmbito nacional.

Inclusive, é interessante notar que a Lei n. 9.868/1999, que dispõe sobre o processo e o julgamento da ADI genérica, também dispõe sobre a ADC perante o STF. Nesse sentido, a doutrina constitucionalista costuma se referir às figuras da ADI e da ADC como ações de sinal trocado, ou, ainda, como ações de caráter dúplice ou ambivalentes (Mendes; Branco, 2015, p. 1339), na medida em que reconhece a própria Lei n. 9.868/1999, em seu art. 24, que diz: "proclamada a constitucionalidade, julgar-se-á improcedente a ação direta ou procedente eventual ação declaratória; e, proclamada a inconstitucionalidade, julgar-se-á procedente a ação direta ou improcedente eventual ação declaratória" (Brasil, 1999).

Em outras palavras, tanto a ADC quanto a ADI apresentam grande aproximação, dado que ambas discutem a compatibilidade da norma com a Constituição brasileira. Contudo, cada uma possui suas particularidades, a exemplo maior do objeto de combate.

Assim, também na ADC, ao contrário do que ocorre na ADI, não se faz necessária a manifestação do advogado-geral enquanto curador da lei, uma vez que o objetivo dessa ação é justamente o de reafirmar a constitucionalidade desta (Tavares, 2019, p. 359).

De todo modo, a decisão proferida em ADC terá eficácia contra todos (*erga omnes*), efeito vinculante e *ex tunc*, com a possibilidade de modulação desses efeitos por meio da maioria absoluta dos membros do STF.

Da decisão que julgar procedente ou improcedente o pedido da ADC não cabe recurso nem ação rescisória, consoante prevê o art. 26 da Lei n. 9.868/1999.

Como exemplo prático de ADC, podemos citar a decisão proferida na ADC n. 19, que definiu que os dispositivos da Lei Maria da Penha – Lei n. 11.340, de 7 de agosto de 2006 (Brasil, 2006a) –, que proíbe a violência doméstica e familiar contra a mulher, são constitucionais.

À época do advento da aludida lei, havia discussão principal, dentre outros pontos, se poderia haver uma lei específica que tratasse a mulher de forma protetiva diferenciada e se isso não implicaria violação ao princípio constitucional da igualdade. Prevaleceu o entendimento de que a Lei Maria da Penha é constitucional, não havendo de se falar em violação à Constituição brasileira (STF. Tribunal Pleno. ADC 19/DF, Rel. Min. Marco Aurélio. Data de julgamento: 09/02/2012).

No ponto, sobre direitos de minorias diversas, também foi objeto de ADC a questão da lei que colocava reserva de vagas a cidadãos negros em concursos públicos, sendo considerada, por parte do STF, como constitucional (STF. Tribunal Pleno. ADC 41, Rel. Min. Roberto Barroso. Data de julgamento: 08/06/2017).

Por fim, um outro exemplo de ADC é aquela que versou sobre a constitucionalidade do Novo Código Florestal (Lei n. 12.651/2012), julgada pelo Supremo em conjunto com diversas ações de inconstitucionalidade a respeito da lei.

Mais especificamente, em 2018, na ocasião do julgamento da ADC 42, o STF entendeu que a nova legislação ambiental não violaria, ante seu conteúdo, o dever constitucional de proteção ao meio ambiente, como alegava parte da doutrina e assim entendiam alguns magistrados (STF. Tribunal Pleno. ADI 42; ADI 4901; ADI 4902; ADI 4903; ADI 4937, Rel. Min. Luiz Fux. Data de Julgamento: 28/02/2018).

Em suma, acerca da figura da ADC, inserida no controle concentrado de constitucionalidade brasileiro, veja o resumo a seguir.

Em síntese

Ação Declaratória de Constitucionalidade (ADC)	
Previsão constitucional e legal	■ Art. 102, I, "a", CRFB. ■ Lei n. 9.868/1999.
Características principais	■ Finalidade maior de declarar a constitucionalidade da lei, eliminando dúvidas. ■ Com relação à ADI: ações de "sinais trocados".
Competência	Supremo Tribunal Federal (STF). **Observação**: Pode haver ADC no âmbito dos estados-partes, sendo o respectivo Tribunal de Justiça competente para processamento e julgamento.
Legitimados para propor ADC	Art. 103, I a IV, CRFB.
Efeitos da decisão	■ Decisão vinculante, com eficácia *erga omnes* (contra todos) e *ex tunc*. ■ Possibilidade de modulação dos efeitos (art. 27 da Lei n. 9.868/1999). **Observação**: Da decisão final não cabe recurso nem ação rescisória.

— 3.6 —
A Arguição de Descumprimento de Preceito Fundamental (ADPF)

Observe a Figura 3.4, a seguir, em alusão, na presente obra, à Arguição de Descumprimento de Preceito Fundamental (ADPF), que versou, dentre outros pontos, sobre o direito à liberdade de expressão no âmbito das universidades. Para saber mais, leia o presente tópico e veja os exemplos.

Figura 3.4 – Ilustração em alusão, na presente obra, à Arguição de Descumprimento de Preceito Fundamental (ADPF)

MarcoVector/Shutterstock

A Arguição de Descumprimento de Preceito Fundamental (ADPF) encontra previsão constitucional no parágrafo 1º do art. 102 da Constituição brasileira, segundo o qual: "A arguição de descumprimento de preceito fundamental, decorrente desta Constituição, será apreciada pelo Supremo Tribunal Federal, na forma da lei" (Brasil, 1988a).

Trata-se de figura advinda por força constitucional, regulamentada por intermédio de lei própria, qual seja, Lei n. 9.882/1999. Em outras palavras, é uma das inovações trazidas pela constituição no que tange ao controle concentrado (Mendes; Branco, 2015, p. 1190).

Nessa linha, conforme expressamente prevê o art. 1º da Lei n. 9.882/1999, a ADPF é voltada para o objetivo maior de "evitar ou reparar lesão a preceito fundamental, resultante de ato do Poder Público" (Brasil, 1999).

Ainda dispõe a lei que a ADPF também pode ser voltada para discussão de relevante fundamento de controvérsia constitucional envolvendo preceito fundamental, conforme o art. 1º, inciso I, da Lei n. 9.882/1999.

Assim sendo, o objeto da ADPF é todo ato do Poder Público apto a lesionar preceito fundamental ou, ainda, lei ou ato normativo federal, estadual ou municipal, incluídos os anteriores à Constituição.

Quanto à competência, prevê a Constituição brasileira, em seu art. 102, parágrafo 1º, que a ADPF será julgada pelo STF, exclusivamente. Ressalte-se, não obstante, a possibilidade hodierna da figura da ADPF na competência dos Tribunais de Justiça, quando houver como parâmetro as constituições estaduais.

A ADPF é uma das modalidades representantes do controle concentrado de constitucionalidade, diretamente ou não. Contudo, atualmente, ainda se encontra em discussão no âmbito do STF a ADI n. 2231/DF, que coloca em questão a possibilidade da arguição incidental, uma vez que, segundo o art. 1º da Lei n. 9.882/1999, a ADPF será cabível na modalidade de arguição autônoma (direta) ou na hipótese de arguição incidental. Vale acompanhar a situação da aludida ADI, uma vez que, futuramente, o STF decidirá balizas importantes sobre o uso da ADPF.

Entretanto, ressalte-se que a ADPF não deve ser utilizada como mero recurso processual, já que, de acordo com o art. 4º, parágrafo 1º, da Lei n. 9.882/1999, "não será admitida arguição de descumprimento de preceito fundamental quando houver qualquer outro meio eficaz de sanar a lesividade" (Brasil, 1999). Trata-se do princípio da subsidiariedade, a ser comprovado ante a inexistência de outro meio eficaz de sanar a lesão. Se couber o uso de ADC, ADI, ADO ou outra ação de índole objetiva de constitucionalidade, não será admitida a ADPF, consoante a jurisprudência dominante do STF, o que é alvo de críticas para parte da doutrina, vez que tal critério da subsidiariedade colocaria à ADPF apenas um papel "secundário" no controle de proteção constitucional (Tavares, 2019, p. 319).

Ainda assim, é amplamente aceita, pela doutrina e jurisprudência, a fungibilidade da ADPF com as demais ações objetivas de controle de constitucionalidade (Tavares, 2019, p. 328), salvo em caso de erro grosseiro.

O assunto como cobrado em concurso público

O conhecimento da ADPF é assunto cobrado nas provas da OAB. Nesse sentido, em 2019, a FGV procurou saber se o candidato estava ciente do objeto e do cabimento da ADPF.

Confira a questão da prova objetiva a seguir e procure respondê-la.

(FGV – 2019 – OAB, Exame de Ordem Unificado, Primeira Fase) Numerosas decisões judiciais, contrariando portarias de órgãos ambientais e de comércio exterior, concederam autorização para que sociedades empresárias pudessem importar pneus usados. Diante disso, o Presidente da República ingressa com Arguição de Descumprimento de Preceito Fundamental (ADPF), sustentando que tais decisões judiciais autorizativas da importação de pneus usados teriam afrontado preceito fundamental, representado pelo direito à saúde e a um meio ambiente ecologicamente equilibrado.

A partir do caso narrado, assinale a afirmativa correta.

A) A ADPF não se presta para impugnar decisões judiciais, pois seu objeto está adstrito às leis ou a atos normativos federais e estaduais de caráter geral e abstrato, assim entendidos aqueles provenientes do Poder Legislativo em sua função legislativa.

B) A ADPF tem por objetivo evitar ou reparar lesão a preceito fundamental resultante de ato do Poder Público, ainda que de efeitos concretos ou singulares; logo, pode

> impugnar decisões judiciais que violem preceitos fundamentais da Constituição, desde que observada a subsidiariedade no seu uso.
>
> C) Embora as decisões judiciais possam ser impugnadas por ADPF, a alegada violação do direito à saúde e a um meio ambiente ecologicamente equilibrado não se insere no conceito de preceito fundamental, conforme rol taxativo constante na Lei Federal nº 9.882/99.
>
> D) A ADPF não pode ser admitida, pois o Presidente da República, na qualidade de chefe do Poder Executivo, não detém legitimidade ativa para suscitar a inconstitucionalidade de ato proferido por membros do Poder Judiciário, sob pena de vulneração ao princípio da separação dos poderes.
>
> **Gabarito oficial**: B.
>
> **Comentário**: De acordo com o que vimos, o art. 1º da Lei n. 9.882/1999 dispõe expressamente que a ADPF é importante instrumento para fins de "evitar ou reparar lesão a preceito fundamental, resultante de ato do Poder Público" (Brasil, 1999).

Ao seu turno, o parâmetro da ADPF é todo preceito fundamental constitucional. Contudo, nem a Constituição nem a Lei n. 9.882/1999 conceituaram o que se entende por *preceito fundamental*, o que também é alvo de discussões por parte da doutrina e da jurisprudência. Para parte minoritária, como assegura Ferreira Filho (2018, p. 57), corroborado por Mendes e Branco (2015, p. 1192), o conceito deve ser entendido de forma ampla, apta a abarcar todo texto constitucional, ao passo que, para a doutrina majoritária e a jurisprudência, nem tudo poderá ser concebido como preceito fundamental.

Acerca dos legitimados para a propositura da ADPF, conforme prevê o art. 2º da Lei n. 9.882/1999, podem propor ADPF os mesmos legitimados para ADI genérica. Assim, todos aqueles previstos no art. 103, incisos I a IX, da Constituição brasileira (reproduzido no art. 2º da Lei n. 9.868/1999, que trata da ADI e da ADC) poderão propor ADPF perante o STF.

LEGITIMADOS PARA PROPOSITURA DA ADPF: os mesmos da ADI genérica (art. 103, I a IX, CRFB)

- O presidente da República.
- A Mesa do Senado Federal.
- A Mesa da Câmara dos Deputados.
- A Mesa de Assembleia Legislativa ou da Câmara Legislativa do Distrito Federal.
- O governador de estado ou do Distrito Federal.
- O Procurador-Geral da República.
- O Conselho Federal da Ordem dos Advogados do Brasil (OAB).

- Partido político com representação no Congresso Nacional.
- Confederação sindical ou entidade de classe de âmbito nacional.

O procedimento e o julgamento da ADPF encontram previsão específica na Lei n. 9.882/1999, mas cabe ressaltar os pontos de maior relevância e incidência prática.

Assim, de modo geral, a petição inicial observará as formalidades previstas no art. 3º da Lei n. 9.882/1999, podendo conter pedido de medida liminar, a qual poderá ser deferida mediante decisão da maioria absoluta de seus membros, de acordo com o art. 5º da mesma lei.

No curso da ADPF, pode o Tribunal requisitar perícias, informações e designar audiência pública para discussão do tema, com a possibilidade de haver *amicus curiae* caso comprovada a relevância da matéria e representatividade (STF, ADPF 497/RJ. Rel. Min. Edson Fachin. DJE: 29/04/2019).

Nesse sentido, como exemplo fático, podemos mencionar a ADPF que discute a possibilidade de descriminalização do aborto (ADPF n. 442/DF), ainda sem julgamento definitivo, que conta com a incidência de vários *amici curiae*, das mais diversas áreas (medicina, sociologia, ensino religioso etc.), para discussão do tema do aborto.

Acerca do processo decisório, de acordo com o parágrafo 3º do art. 10 da lei da ADPF, a decisão proferida na ADPF "terá eficácia contra todos e efeito vinculante relativamente aos demais órgãos do Poder Público" (Brasil, 1999).

Ainda segundo o mesmo artigo, a modulação dos efeitos da decisão é possível, com fundamento na segurança jurídica ou no excepcional interesse social. Tal modulação, com restrição dos efeitos da declaração ou da modificação da eficácia, será feita mediante decisão da maioria de dois terços (2/3) dos membros do Supremo.

Por fim, de acordo com o art. 12 da lei da ADPF, não caberá recurso contra a decisão proferida, assim como não cabe rediscussão por meio de ação rescisória.

Na prática, considerando a jurisprudência atualizada do STF, importantes assuntos já foram colocados em pauta por meio da ADPF.

Assim, como exemplo fático, citamos a ADPF 548, que versou sobre o direito constitucional à liberdade de expressão no âmbito das universidades. Nessa linha, em 2018, o STF entendeu que são inconstitucionais os recolhimentos de documentos, a interrupção de aulas, os debates ou as manifestações envolvendo política por parte de docentes ou discentes universitários (STF. Plenário. ADPF 548/DF, Rel. Min. Carmen Lúcia. Data de julgamento: 31/10/2018).

Outro exemplo importante na atualidade é a ADPF 347, julgada liminarmente em 2015 e na qual foi reconhecido o estado de coisas inconstitucional do sistema penitenciário brasileiro.

No ponto, o termo *estado de coisas inconstitucional* não foi pensado e utilizado à toa pelo STF, pelo contrário, a expressão já havia sido empregada pela Colômbia, por meio de técnica de controle empregada inicialmente em 1997 pela Suprema Corte Colombiana para correção de situação de inconstitucionalidade que assolava o país (Campos, 2015, p. 94).

Ao seu turno, na ADPF 347, com base sobretudo nos estudos de Carlos Alexandre de Azevedo Campos (2015), o STF (2015a) reconheceu, liminarmente, a existência de um quadro de "violação generalizada e sistêmica de direitos fundamentais relacionados ao sistema prisional", causado pela "inércia ou incapacidade reiterada e persistente das autoridades públicas em modificar a conjuntura" (STF, 2015a).

Ora, a ADPF 347 versava sobre situação do sistema prisional do Brasil, o qual conta, reconhecidamente, com inúmeros problemas e questionamentos, como superlotação, precariedade de infraestrutura dos presídios, entre tantos outros.

Assim sendo, em face dessa situação, a ADPF 347 foi proposta pelo Partido Socialista e Liberdade (PSOL), sendo acolhida liminar para fins de reconhecimento de que há violação generalizada de direitos fundamentais e direitos humanos dos presos e determinação de necessária intervenção judicial, que exigiria uma diversidade de políticas públicas.

De acordo com a doutrina de Campos (2015), o estado de coisas inconstitucional gera um litígio estrutural sobre o qual o STF é instado a se manifestar para fins de formulação de políticas públicas, em resposta à omissão dos Poderes Executivo e Legislativo, mas sem implicar em violação à separação dos poderes.

Ademais, o estado de coisas inconstitucional demanda atuação não apenas por parte do Poder Judiciário, mas depende de uma confluência de poderes, em coordenação conjunta.

> **Atenção!**
> A ADPF 347 ainda não possui julgamento definitivo, tratando o estado de coisas inconstitucional de constatação por meio de decisão liminar. Por isso mesmo, vale ficar atualizado acerca do julgamento definitivo dessa ADPF.

Vale ressaltar que, atualmente, o estado de coisas inconstitucional só foi reconhecido, em sede liminar, no âmbito do sistema penitenciário brasileiro, mas muito se discute, na doutrina, a possibilidade de futuro reconhecimento, por parte da Corte constitucional, em outras áreas brasileiras, a exemplo maior da temática da saúde pública.

> **O assunto como cobrado em concurso público**
> O estado de coisas inconstitucional é atualmente um assunto em voga, já reconhecido pelo STF no tocante ao sistema prisional brasileiro. Assim sendo, em recente prova objetiva do concurso

público da Magistratura Estadual da Bahia, a banca Cespe exigiu tal conhecimento do candidato e de qual seria a solução a esse problema institucional.

Confira a questão da prova objetiva a seguir e procure respondê-la.

(CESPE – 2019 – TJ-BA, Juiz de Direito Substituto) A respeito da situação conhecida como estado de coisas inconstitucional, assinale a opção correta.

A) Tal situação resulta sempre de má vontade de autoridade pública em modificar uma conjuntura de violação a direitos fundamentais.

B) Constatada a ocorrência dessa situação, verifica-se, em consequência, violação pontual de direito social a prestação material pelo Estado.

C) No plano dos remédios estruturais para saneamento do estado de coisas inconstitucional, estão a superação dos bloqueios institucionais e políticos e o aumento da deliberação de soluções sobre a demanda.

D) Em função do caráter estrutural e complexo do litígio causador do estado de coisas inconstitucional, não é admitido ao Poder Judiciário impor medidas concretas ao Poder Executivo.

E) De modo tácito, o reconhecimento do estado de coisas inconstitucional autoriza o Poder Judiciário a assumir tarefas do Poder Legislativo na coordenação de medidas com o objetivo de assegurar direitos.

Gabarito oficial: C.

Comentários: A letra "C" traz justamente a alternativa encontrada pelo Supremo Tribunal em 2015 para solucionar a questão dos sistemas prisionais em conjunto com os demais poderes públicos (por isso mesmo, a letra "D" é falsa, pois impõe solução conjunta, em coordenação).

A letra "A" está incorreta dado que a constatação do estado de coisas inconstitucional independe da vontade de autoridade pública, se boa ou má. Constatado o grave quadro de violação generalizada por longo período de tempo, está presente a figura do estado de coisas inconstitucional.

Nessa linha, por se tratar de violação "generalizada", a letra "B" também está incorreta, já que não se cuida de situação pontual, muito pelo contrário.

No mais, a letra "E" está incorreta em razão de o Poder Judiciário não substituir o papel do Poder Legislativo, mas apenas de conferir bases necessárias para coordenação com os demais poderes.

Por fim, considerando que o controle de constitucionalidade concentrado também pode ocorrer com base nas constituições dos estados-partes do Brasil, vale ressaltar que a figura da ADPF também pode estar presente no âmbito dos Tribunais de Justiça.

Contudo, dado que a ADPF foi uma das inovações constitucionais, observa-se que poucas são as constituições estaduais que preveem expressamente a sua figura como forma de controle concentrado de constitucionalidade.

Veja-se que, anteriormente ao advento da Lei n. 9.882/1999, a doutrina debatia acerca da possibilidade da ADPF no âmbito estadual e da questão da competência exclusiva do STF (Tavares, 2019, p. 1125), o que poderia explicar a ausência dessa figura jurídica na maior parte dos textos constitucionais estaduais.

Ainda assim, em conformidade com a doutrina majoritária, bem como em razão do princípio da simetria, guiadora das constituições estaduais, a ADPF é aceita no âmbito dos estados-partes de forma subsidiária e para fins de controle de constitucionalidade estadual.

Em síntese

Ação de Descumprimento de Preceito fundamental (ADPF)	
Previsão constitucional e legal	■ Art. 102, § 1º, CRFB. ■ Lei n. 9.882/1999.
Características principais	■ "Preceito fundamental": discussão Doutrinária. ■ Subsidiariedade.
Competência	Supremo Tribunal Federal (STF). **Observação:** Veja na linha a seguir a questão da ADPF no âmbito dos estados-partes.
Legitimados para propor ADPF	Art. 103, I a IV, CRFB.
Efeitos da decisão	Decisão vinculante, com eficácia contra todos (*erga omnes*) e *ex tunc*. **Observação:** Da decisão final não cabe recurso nem ação rescisória.

Capítulo 4

*O controle
de convencionalidade:
noções gerais*

Neste último capítulo, resta o estudo do controle de convencionalidade, que aqui deverá ser compreendido como um importante mecanismo para o alcance de harmonia do ordenamento jurídico com o âmbito internacional, além de promoção, proteção e garantia dos direitos humanos, bem como para evitar responsabilizações internacionais dos Estados.

Para fins de demonstração da relevância dos direitos humanos e de sua interação com o Direito Internacional e com a Justiça, veja a Figura 4.1, a seguir. No presente tópico, você poderá saber mais acerca da relação entre direitos humanos e o controle de convencionalidade.

Figura 4.1 – Ilustração acerca dos direitos humanos

Vale dizer que, nessa inter-relação entre direito interno e Direito Internacional, se sobressai o controle de convencionalidade, o qual possui características e funcionamento que o distinguem das demais formas de controle, bem como não se confunde com o controle de constitucionalidade.

Por isso mesmo, o objetivo deste capítulo é demonstrar como o Direito Interno e o Direito Internacional estão em constante diálogo e conflito, com reflexos dentro dos estados e vice-versa, assim como aclarar as diversas questões presentes para resolução de conflitos envolvendo normas contidas em tratados internacionais e normas domésticas, constatando as principais características do controle de convencionalidade internacional e suas semelhanças e diferenças em relação ao controle de convencionalidade interno brasileiro.

Por certo, a perspectiva da presente obra tem por enfoque a inter-relação entre direito interno brasileiro, Direito Internacional e sistema interamericano de proteção aos direitos humanos (enfatizado pela figura da Corte Interamericana de Direitos Humanos – Corte IDH), mas desde já reconhecemos que o controle de convencionalidade é realidade em diversos Estados no mundo afora e em tribunais internacionais.

— 4.1 —
O controle de convencionalidade

A realização de um controle de convencionalidade encontra razão de ser em um princípio básico que guia as relações no âmbito do Direito Internacional Público, consistente no princípio denominado *pacta sunt servanda*, que traduz, em sua literalidade, que os pactos, os acordos (a exemplo maior dos tratados internacionais), devem ser mantidos.

O princípio, conforme explica Valério de Oliveira Mazzuoli (2011b, p. 21), serve de próprio fundamento de aceitação do Direito Internacional Público, com o entendimento de que consiste em um dentre vários princípios jurídicos alçados a um patamar superior normativo, mas sem deixar de desconsiderar a vontade dos Estados.

Cuida-se, assim, de princípio universalmente reconhecido, aliado aos princípios de livre consentimento e de boa-fé entre as partes (Mazzuoli, 2011b, p. 33), necessário para a realização dos tratados internacionais e o reconhecimento de direitos vários.

Inclusive, trata o *pacta sunt servanda* de princípio consubstanciado na Convenção de Viena sobre o Direito dos Tratados, no art. 26, cuja redação expressamente consigna que: "Todo tratado em vigor obriga as partes e deve ser cumprido por elas de boa fé" (Brasil, 2009a).

Por consequência, é o princípio do *pacta sunt servanda* que assegura o entendimento de que os Estados devem cumprir os tratados internacionais de direitos humanos a que se comprometerem observância.

Nessa via, o princípio é lido em consonância ao disposto no art. 27 da Convenção de Viena sobre o Direito dos Tratados, segundo o qual: "Uma parte não pode invocar as disposições de seu direito interno para justificar o inadimplemento de um tratado" (Brasil, 2009a). Ora, se o Estado se comprometeu a respeitar os direitos humanos em sede internacional, não poderá, posteriormente, alegar que suas normas de direito interno não permitem tal respeito.

Há, pois, uma necessidade de adequação das normas internas às normas internacionais, sob pena de poder ser responsabilizado internacionalmente pelo descumprimento do tratado realizado.

Há, pois, uma necessidade de adequação das normas internas às normas internacionais, sob pena de poder ser responsabilizado internacionalmente pelo descumprimento do tratado realizado.

Desse modo, em face da necessidade de promoção, proteção e garantia de direitos humanos previstos nos ordenamentos jurídicos nacional e internacional, há possibilidade de uso do mecanismo de controle de convencionalidade, compreendido, em linhas gerais, como "o processo de compatibilização vertical (sobretudo material) das normas de Direito interno com os comandos encontrados nas convenções internacionais de direitos humanos" (Mazzuoli, 2011a, p. 77).

Ressaltamos desde logo que a expressão *direitos humanos* guarda intensa discussão doutrinária. Na presente obra, entenda-se por *direitos humanos*, de forma bastante generalizada, todo direito básico, inerente ao ser humano, uma vez que este é detentor de dignidade humana.

Conforme explica Alexandre de Moraes (2003, p. 229):

> A previsão dos direitos humanos fundamentais direciona-se basicamente para a proteção à dignidade humana em seu sentido mais amplo, de valor espiritual e moral inerente à pessoa, que se manifesta singularmente na autodeterminação consciente e responsável da própria vida e que traz consigo a pretensão ao respeito por parte das demais pessoas, constituindo-se um mínimo invulnerável que todo estatuto jurídico deve assegurar, de modo que, somente excepcionalmente, possam ser feitas limitações ao exercício dos direitos fundamentais, mas sempre sem menosprezar a necessária estima que merecem todas as pessoas enquanto seres humanos.

No ponto, a respeito da questão da diferenciação entre direitos humanos e direitos fundamentais, resta-nos acolher o entendimento básico no sentido de que ambos visam à salvaguarda da pessoa humana como detentora de dignidade, mas, ao passo que os *direitos humanos* contêm tal nomenclatura por restarem previstos em normas internacionais protetivas, os direitos fundamentais são os direitos básicos, que encontrariam previsão no âmbito interno dos estados. Por isso mesmo, conforme observa

Mazzuoli (2011a, p. 24), os direitos humanos tenderiam a ser mais amplos, vez que dotados de universalidade como característica.

Nessa perspectiva, alguns autores preferem denominar direitos básicos contidos tanto na esfera internacional quanto presentes na seara interna como *direitos humanos fundamentais*.

O controle de convencionalidade, assim, implica adequação e observância, interna e internacional, de toda aquela norma que envolva direitos humanos, como condição essencial para o respeito da dignidade humana e consecução dos direitos previstos em convenções internacionais e outras fontes de Direito Internacional relacionadas a direitos humanos.

Do ponto de vista do Direito Internacional Público, auxilia-se como meio na consecução da necessária manutenção da harmonia da ordem jurídica internacional e das boas relações entre os povos (Mazzuoli, 2011b, p. 416).

Em síntese

Fundamentos do controle de convencionalidade
■ Princípio do *pacta sunt servanda*.
■ Impossibilidade de alegação de normas internas ante os tratados firmados.
■ Reconhecimento dos direitos humanos enquanto normas a serem cumpridas.

Observe que o controle de convencionalidade, nas suas finalidades de adequação e observância, também pode ser útil ao

Estado na medida que serve para evitar responsabilizações internacionais decorrentes do não cumprimento de tratados internacionais.

Ora, na atualidade, o controle de convencionalidade serve não apenas como um fator de proteção da violação de direitos humanos, uma vez que, notadamente, os próprios Estados manejam as normas de direitos humanos ao seu proveito (Jouannet, 2011).

Em síntese

Finalidades do controle de convencionalidade
■ Harmonização de normas internas com normas internacionais.
■ Promoção, proteção e garantia dos direitos humanos.
■ Evitar responsabilização internacional dos Estados.

Tal controle é classificado, basicamente, em *controle de constitucionalidade internacional* e *controle de constitucionalidade interno*, do âmbito dos Estados. Conforme consta no quadro a seguir.

Quadro 4.1 – Controle de convencionalidade: tipos

Tipo	Características
Controle de convencionalidade internacional	Controle exercido pela ordem jurídica internacional → Ênfase no papel dos tribunais internacionais.
Controle de convencionalidade interno	Controle exercido no direito interno (direito doméstico) → Poder Executivo, Poder Legislativo e Poder Judiciário.

Não obstante, o doutrinador André de Carvalho Ramos (2019, p. 270) aduz que o verdadeiro controle de convencionalidade é apenas o internacional, uma vez que, no âmbito interno, o controlador é apenas mero intérprete autêntico da norma, sujeitando-se à questão de hierarquia do tratado internacional conforme incorporação no país, o que não se dá em âmbito internacional.

Em verdade, é certo que cada controle de convencionalidade, o internacional e o nacional, possui características e aspectos próprios que o distinguem, ainda que ambos sejam dotados da mesma finalidade maior de garantir o respeito aos direitos humanos. Por isso mesmo, cumpre ver cada um deles para sua compreensão.

O *controle de convencionalidade internacional* é assim denominado por ser o controle exercido no âmbito da ordem jurídica internacional, ilustrado por parte dos tribunais internacionais, sobretudo no exercício de sua competência contenciosa, ou seja, na hora de avaliar se determinado Estado violou um tratado ou não, bem como de sua competência consultiva, quando possuir.

Além dos tribunais internacionais, considerados os principais no exercício do controle de convencionalidade, a fiscalização internacional também pode ser exercida no âmbito dos Comitês da Organização das Nações Unidas (ONU), com a função de monitoramento dos direitos humanos ao longo do globo terrestre (Ramos, 2019, p. 391).

A ênfase da presente obra, contudo, consiste na demonstração, em simples palavras, do controle de convencionalidade internacional exercido pelos tribunais internacionais e, mais especificamente, do controle feito pelo sistema interamericano de proteção aos direitos humanos.

O controle de convencionalidade internacional é pensado na análise de harmonização das normas internas e internacionais com o fim maior de evitar que os próprios Estados sejam, a um só tempo, fiscais e fiscalizados, conforme observa Ramos (2019, p. 390).

O exemplo mais conhecido relacionado ao Brasil, sem dúvida, é o controle de convencionalidade internacional exercido no âmbito interamericano de proteção aos direitos humanos por parte da Corte IDH.

Isso porque o sistema interamericano de direitos humanos causa impactos no meio jurídico brasileiro, fazendo parte do cotidiano de todo aquele que atue, de algum modo, com o direito, ante as diversas normas internacionais que são incorporadas no ordenamento jurídico brasileiro e que versam sobre os direitos humanos.

Para lembrar, observe o quadro explicativo a seguir acerca do sistema interamericano de proteção aos direitos humanos.

Em síntese

Sistema interamericano de direitos humanos

Sistema conduzido pela **Organização dos Estados Americanos (OEA)** – organização internacional de âmbito regional voltada a diversos fins, dentre eles o de proteger os direitos humanos.

Principais órgãos do sistema interamericano de direitos humanos:

- **Corte Interamericana de Direitos Humanos**: Instituída por força da Convenção Americana de Direitos Humanos (= Pacto de San José da Costa Rica).
- Comissão Interamericana de Direitos Humanos.

Observação 1: Outros órgãos compõem a OEA, mas os principais, em direitos humanos, são os instituídos por força da Convenção Americana de Direitos Humanos.

Observação 2: A presente obra enfatiza os estudos, apresentados de forma esquematizada, da Corte Interamericana de Direitos Humanos e o controle de convencionalidade exercido por esse tribunal internacional.

Fisicamente, a OEA possui sede em Washington, D.C, nos Estados Unidos. A organização foi instituída em 1948, com a Carta da OEA, a qual entrou em vigência em 1951. Posteriormente, o documento instituidor foi reformado pelo Protocolo de Buenos Aires (1967), pelo Protocolo de Washington (1992) e pelo Protocolo de Managuá (1993).

Trata-se, pois, de organização internacional voltada a vários propósitos que não apenas o da proteção aos direitos humanos, cuidando de temas vários que afetam a região das américas, a exemplo de questões relacionadas à segurança regional, à democracia, ao desenvolvimento dos povos, entre outras várias finalidades contempladas em seu tratado instituidor, a Carta da OEA, por meio do art. 2:

> Artigo 2
>
> Para realizar os princípios em que se baseia e para cumprir com suas obrigações regionais, de acordo com a Carta das Nações Unidas, a Organização dos Estados Americanos estabelece como propósitos essenciais os seguintes:
>
> a) Garantir a paz e a segurança continentais;
>
> b) Promover e consolidar a democracia representativa, respeitado o princípio da não-intervenção;
>
> c) Prevenir as possíveis causas de dificuldades e assegurar a solução pacífica das controvérsias que surjam entre seus membros;
>
> d) Organizar a ação solidária destes em caso de agressão;
>
> e) Procurar a solução dos problemas políticos, jurídicos e econômicos que surgirem entre os Estados membros;
>
> f) Promover, por meio da ação cooperativa, seu desenvolvimento econômico, social e cultural;
>
> g) Erradicar a pobreza crítica, que constitui um obstáculo ao pleno desenvolvimento democrático dos povos do Hemisfério; e
>
> h) Alcançar uma efetiva limitação de armamentos convencionais que permita dedicar a maior soma de recursos ao desenvolvimento econômico-social dos Estados membros. (OEA, 1948)

Na esfera da OEA, vários são os Estados-partes dessa organização, incluindo o Brasil. Sobre isso, observe a Figura 4.2, a seguir.

Figura 4.2 – Estados-partes: OEA

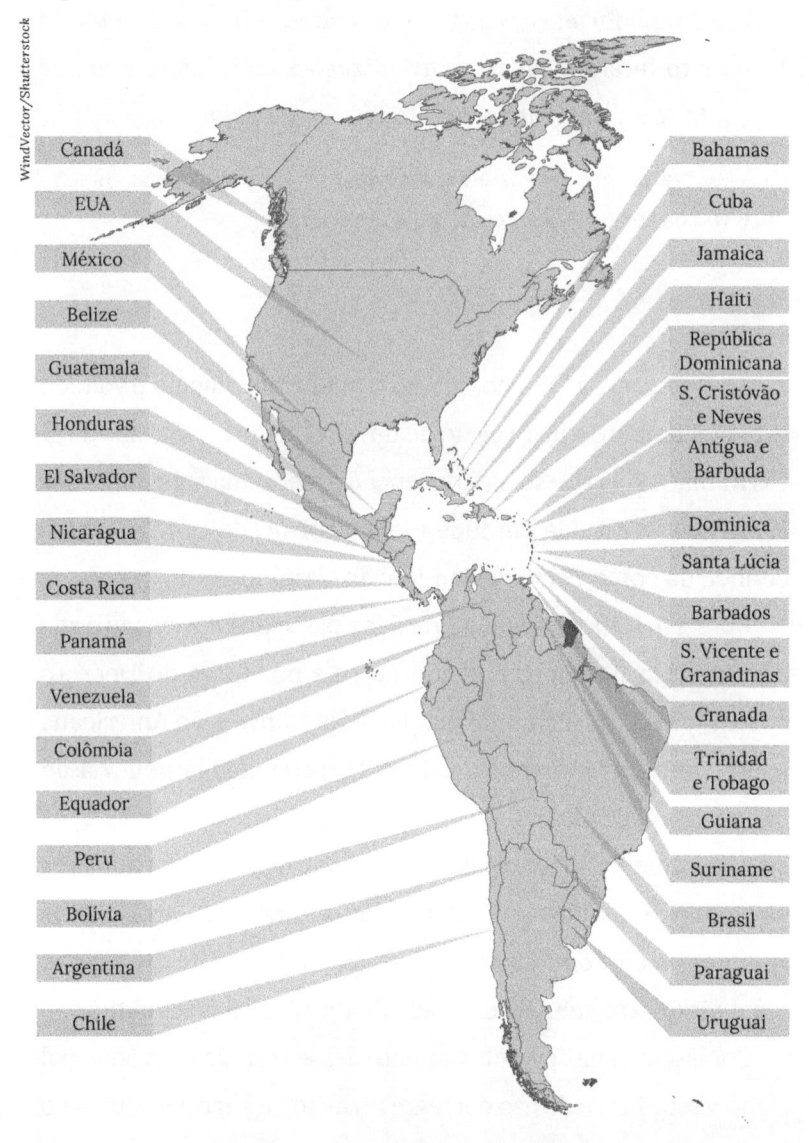

Canadá
EUA
México
Belize
Guatemala
Honduras
El Salvador
Nicarágua
Costa Rica
Panamá
Venezuela
Colômbia
Equador
Peru
Bolívia
Argentina
Chile

Bahamas
Cuba
Jamaica
Haiti
República Dominicana
S. Cristóvão e Neves
Antígua e Barbuda
Dominica
Santa Lúcia
Barbados
S. Vicente e Granadinas
Granada
Trinidad e Tobago
Guiana
Suriname
Brasil
Paraguai
Uruguai

WindVector/Shutterstock

Para saber mais ────────────────────

> Saiba mais sobre o assunto tratado aqui por meio do site da OEA. Trata-se do site oficial da organização internacional que traz informações de todos os tratados internacionais do âmbito interamericano e atualizações cotidianas, além de contar com uma biblioteca eletrônica própria.
>
> OEA – Organização dos Estados Americanos. Disponível em: <http://www.oas.org/pt/>. Acesso em: 4 abr. 2020.

───────────────────────────────────

Ao seu turno, a OEA possui um tratado internacional voltado especificamente à instituição de um sistema protetivo aos direitos humanos. Trata-se da Convenção Americana sobre Direitos Humanos (instituída em 1969 e em vigor desde 1978), também conhecida como *Pacto de San José da Costa Rica*.

Mais especificamente, o Brasil faz parte da OEA desde o seu advento, em 1948, promulgado no país por força do Decreto n. 3.054/1952, assim como faz parte da Convenção Americana sobre Direitos Humanos desde 1992, promulgada pela via do Decreto n. 678/1992.

É justamente a Convenção Americana de Direitos Humanos que confere as bases da Corte Interamericana de Direitos Humanos e da Comissão Interamericana de Direitos Humanos. Além disso, traz uma diversidade de direitos civis e políticos.

Por isso mesmo, o conhecimento desse tratado internacional é imprescindível e de uso corrente no meio jurídico. Questões do cotidiano, como sistema penal, liberdade de expressão, direito ao sufrágio, entre outras, são versados diretamente nesse documento e com impactos no cotidiano jurídico.

Por certo, o âmbito do sistema interamericano de proteção aos direitos humanos possui uma diversidade de tratados internacionais, versando sobre os mais complexos temas de direitos humanos.

Ainda assim, vale o enfoque desta obra à Convenção Americana sobre Direitos Humanos, por ser justamente o tratado regente do sistema protetivo de direitos humanos, e, mais especificamente, ao papel exercido pela Corte Interamericana de Direitos Humanos no controle e na fiscalização da convencionalidade.

Nessa medida, a Convenção Americana sobre Direitos Humanos trouxe as figuras da Comissão Interamericana e da Corte Interamericana de Direitos Humanos, incumbindo a esta última o papel de tribunal internacional das causas envolvendo direitos humanos no âmbito interamericano.

Inclusive, tal tribunal internacional já possui jurisprudência consolidada sobre o tema do controle de convencionalidade, tendo aplicado tal mecanismo em variadas decisões que envolviam relações do direito interno dos Estados com tratados internacionais do âmbito interamericano protetivo aos direitos humanos.

Em relação ao Brasil, a Corte Interamericana de Direitos Humanos já julgou vários casos contenciosos envolvendo o país, responsabilizando-o por violações diversas de direitos humanos.

Veja o quadro descritivo a seguir que resume as decisões proferidas pela Corte Interamericana em face do Brasil.

Quadro 4.2 – Contenciosos na Corte Interamericana de Direitos Humanos

Caso (Jurisdição contenciosa)	Foi responsabilizado por violações de direitos humanos?	Data da decisão
Damião Ximenes Lopes O caso versou sobre a morte de Damião Ximenes Lopes em hospital psiquiátrico no Ceará e a questão do tratamento dado a pessoas com transtornos mentais.	SIM	04/07/2006
Nogueira de Carvalho O caso tratou da morte de ativista e de defensor de direitos humanos do Rio Grande do Norte e a questão do tratamento de pessoas que trabalham com os direitos humanos.	NÃO Absolvição do Brasil (Falta de provas)	28/11/2006
Escher e outros O caso envolveu a quebra ilegal de sigilo telefônico de integrantes do Movimento Sem-Terra – MST do Paraná e consequências.	SIM	06/07/2009
Sétimo Garibaldi O caso versou sobre a morte do agricultor Sétimo Garibaldi, no Paraná, em conflitos agrários.	SIM	23/09/2009

(continua)

(Quadro 4.2 – continuação)

Caso (Jurisdição contenciosa)	Foi responsabilizado por violações de direitos humanos?	Data da decisão
Gomes Lund e outros (Guerrilha do Araguaia) O caso envolveu o desaparecimento forçado de pessoas na região amazônica brasileira durante o período da ditadura Militar.	SIM	24/11/2010
Fazenda Brasil Verde Caso de vários trabalhadores que foram submetidos a trabalho escravo no Pará, em uma fazenda denominada *Brasil Verde*. Nesta, os trabalhadores não podiam ir embora e eram submetidos a trabalhos degradantes e desumanos.	SIM	20/10/2016
Favela Nova Brasília Caso que envolveu chacina e violações a direitos humanos por parte da Polícia na Favela do Rio de Janeiro denominada *Nova Brasília*, localizada no Complexo do Alemão.	SIM	16/02/2017
Caso Povo Indígena Xucuru e seus membros O caso tratou de reconhecimento de terras e conflitos de interesses em reinvindicações indígenas envolvendo o povo indígena Xucuru, localizado no município de Pesqueira, em Pernambuco.	SIM	05/02/2018

(Quadro 4.2 - conclusão)

Caso (Jurisdição contenciosa)	Foi responsabilizado por violações de direitos humanos?	Data da decisão
Caso Herzog e outros Caso que envolveu a morte do jornalista Vladimir Herzog, no período da ditadura militar brasileira.	SIM	15/03/2018

Desse modo, podemos verificar que o Brasil já foi responsabilizado diversas vezes, em situações nas quais a Corte Interamericana de Direitos Humanos considerou que o país violou, por meio de ações ou omissões cometidas, artigos em tratados internacionais do âmbito interamericano.

De toda forma, a aplicação do controle de convencionalidade tem vez na Corte Interamericana desde meados de 2006 (com o caso Almonacid Arellano e outros *versus* Chile) e consolidação em 2010, quando no julgamento do caso Cabrera García e Montiel Flores *versus* México (Corte IDH, 2010).

Em linhas gerais, o caso Almonacid Arellano e outros *versus* Chile versou sobre situação de execução extrajudicial de Almonacid Arellano, que atuava no Partido Comunista do Chile e que teria sido morto por agentes estatais no período da ditadura militar chilena.

Em 2006, a Corte Interamericana de Direitos Humanos considerou o Chile responsável por violações de direitos humanos ante a ausência de investigação e de punição dos responsáveis. Na ocasião, o juiz Sergio Garcia Ramirez realizou aproximação conceitual do controle de convencionalidade (Corte IDH, 2015), ainda que, formalmente, este tenha sido conferido posteriormente.

O assunto como cobrado em concurso público

As origens do controle de convencionalidade no sistema interamericano de proteção aos direitos humanos é assunto de primordial importância àqueles que visem a um concurso público que cobre disciplinas de Direitos Humanos ou Direito Internacional.

Como exemplo, confira a questão objetiva a seguir e procure respondê-la.

(FCC – 2018 – DPE-AM, Defensor Público) A decisão da Corte Interamericana de Direitos Humanos que inaugurou a doutrina acerca do "controle de convencionalidade" no âmbito da sua jurisdição foi adotada no caso

A) López Álvarez vs. Honduras.

B) Gómez Palomino vs. Peru.

C) Goiburú e outros vs. Paraguai.

D) Velásquez Rodriguez vs. Honduras.

E) Almonacid Arellano e outros vs. Chile.

Gabarito oficial: E.

Comentário: Conforme visto, o início do controle de convencionalidade no ambiente interamericano se deu em 2006,

> no caso Almonacid Arellano e outros vs. Chile. Cuidado para o fato de que, formalmente, o controle de convencionalidade se deu posteriormente, apenas em 2010, com o caso Cabrera García e Montiel Flores vs. México.

Ao seu turno, o caso Cabrera García e Montiel Flores *versus* México versou sobre situação de detenção arbitrária e tratamento cruel e degradante a que teriam sido submetidos Teodoro Cabrera García e Rodolfo Montiel Flores, assim como cuidou da questão da ausência de investigação e da punição dos responsáveis pelo cometimento de tais atos contra as vítimas (Corte IDH, 2010).

Nesse caso, a Corte Interamericana entendeu que o México violou direitos humanos – como o direito à integridade pessoal, o direito à liberdade pessoal, o direito a não tortura –, assim como garantias judiciais e processuais e questões relacionadas à jurisdição militar e à jurisdição penal (Corte IDH, 2010).

Ressalte-se que a própria Corte Interamericana de Direitos Humanos clarificou que o controle de convencionalidade constitui um **dever** dos Estados, e não uma mera opção, conforme proferido na ocasião do julgamento do caso Cabrera García e Montiel Flores versus México, em 2010.

Desde 2006, e formalmente trazido à tona desde 2010, a jurisprudência do sistema interamericano de proteção aos direitos humanos consolidou o controle de convencionalidade, contando com as principais características notadas pela Corte Interamericana de Direitos Humanos:

> i) Consiste em verificar a compatibilidade das regras e outras práticas internas com a CADH, a jurisprudência da Corte Interamericana e os demais tratados interamericanos do qual o Estado faz parte.
>
> ii) Deve ser realizado oficiosamente por qualquer autoridade pública.
>
> iii) Seu exercício é realizado no âmbito das competências de cada autoridade. Portanto, sua execução pode envolver a supressão de regras contrárias à CADH ou a sua interpretação de acordo com a CADH.
>
> iv) A obrigação que está sempre presente após o controle da convencionalidade é a de realizar um exercício hermenêutico que compatibilize as obrigações do Estado com suas regras internas.
>
> v) É uma escala de convencionalidade que considera toda a jurisprudência da Corte IDH, seja contenciosa, seja consultiva.
>
> vi) A obrigação de realizar o controle deriva dos princípios do direito internacional público internacional e as obrigações internacionais do próprio Estado assumido no momento de fazer parte da Convenção Americana sobre Direitos Humanos. (Corte IDH, 2015, p. 6, tradução nossa)

Contudo, há de se frisar que o controle de convencionalidade, no âmbito da Corte Interamericana de Direitos Humanos, não considera somente os casos decididos na jurisdição contenciosa do tribunal, mas também contempla as consultas proferidas pela Corte, no exercício de sua competência consultiva.

As consultas proferidas pela Corte Interamericana correspondem às respostas de consultas apresentadas pelos Estados ou pela Comissão Interamericana de proteção aos Direitos Humanos, decorrentes da interpretação e da aplicação da Convenção Americana de Direitos Humanos (ou de outros tratados envolvendo direitos humanos) dentro dos respectivos ordenamentos jurídicos internos e/ou em relação à compatibilidade do seu ordenamento jurídico com o Sistema Interamericano de Proteção aos Direitos Humanos (Gomes; Brandalise, 2017, p. 153).

Assim, como exemplo fático de competência consultiva da Corte Interamericana de Direitos Humanos temos a Opinião Consultiva (OC) n. 23/2017, cuja consulta foi solicitada pela Colômbia e que resultou em um posicionamento a respeito do meio ambiente como direito humano a ser protegido.

Outro recente exemplo de OC proferida pela Corte Interamericana de Direitos Humanos foi a OC n. 24/2017, que versou sobre questões relacionadas à identidade de gênero, à alteração do registro civil e às uniões entre pessoas do mesmo sexo.

Na ocasião, a Corte Interamericana, em resposta à consulta solicitada pela Costa Rica, anotou que é necessário o reconhecimento de minorias como homossexuais e transexuais, sendo possível a alteração do registro civil independentemente de comprovação de realização de cirurgia de redesignação sexual, como assim era feito em variados Estados latino-americanos.

Outros vários exemplos, de notório impacto interno aos Estados, poderiam ser mencionados, mas o importante é fixar que o controle de constitucionalidade internacional, exercido pela Corte Interamericana, considera não apenas o posicionamento da Corte proferido em sede de competência contenciosa em casos concretos, mas também possui como base os entendimentos conferidos nas respostas a consultas solicitadas pelos Estados ou pela Comissão Interamericana de proteção aos Direitos Humanos.

No mais, veja que no controle de convencionalidade internacional não há questionamentos quanto à hierarquia dos tratados internacionais incorporados no país ou mesmo quanto ao momento de incorporação, como se dá no controle de convencionalidade interno brasileiro.

Em síntese

O controle de convencionalidade no sistema interamericano de proteção aos direitos humanos	
Conceito	Verificação da compatibilidade com as convenções internacionais de direitos humanos e com a jurisprudência da Corte Interamericana de Direitos Humanos (Corte IDH, 2015).
Controlador	■ Corte Interamericana de Direitos Humanos. ■ Competência contenciosa. ■ Competência consultiva.

(continua)

(conclusão)

O controle de convencionalidade no sistema interamericano de proteção aos direitos humanos	
Origens	■ Caso Almonacid Arellano e outros *versus* Chile (2006). ■ Formalmente: caso Cabrera García e Montiel Flores *versus* México (2010).
Características	■ Fundamentação nos princípios do Direito Internacional e na importância dos direitos humanos. ■ Trata-se de **dever**, e não de possibilidade das autoridades públicas. ■ Controle realizado por todas as autoridades do Estado. ■ Julgador como intérprete da norma.

Já o controle interno é, em linhas gerais, aquele exercido dentro da esfera interna de cada Estado.

Historicamente, a expressão *controle de convencionalidade* teria advindo da França, por meio de decisão sobre a lei de interrupção voluntária da gravidez, proferida em 1975 pelo Conselho Constitucional Francês (Ramos, 2019, p. 391).

Na ocasião, o Conselho Constitucional Francês declarou-se incompetente para verificação de inconvencionalidade da lei interna em relação à Convenção Europeia de Direitos Humanos, tratado regente do sistema europeu de proteção aos direitos humanos (Ramos, 2019, p. 390).

Mas a expressão e ideia central foi ganhando força ao longo do tempo, sendo atualmente presente em diversos Estados.

Nesse sentido, o enfoque maior da análise desta obra será em relação ao controle de convencionalidade interno brasileiro, conforme normativa constitucional, doutrina e jurisprudência a respeito da temática.

Desde já ressaltamos que o tema do controle de convencionalidade interno é assunto complexo, que demanda análise minuciosa de variados pontos a respeito da inter-relação entre direito interno brasileiro e direito internacional.

Conforme veremos, o estudo desse controle de convencionalidade no ambiente brasileiro conta não apenas com a necessidade de analisar as normas constitucionais, mas também traz a imposição de análise da jurisprudência e, ainda, da doutrina.

De toda maneira, o controle de convencionalidade interno, por se tratar de uma obrigação, deverá ser exercido pelos Três Poderes do Estado: Poder Judiciário, Poder Legislativo e Poder Executivo.

O Poder Legislativo possui o dever de realizar leis protetivas aos direitos humanos e de acordo com a normativa internacional, concretizando leis de combate a violações cometidas contra grupos LGBTTI (Lésbicas, Gays, Bissexuais, Travestis, Transgêneros e Intersexos), por exemplo (Torelly, 2017, p. 800).

No mais, figuras do Poder Legislativo – como a Comissão de Constituição e Justiça (CCJ), do âmbito da Câmara dos Deputados ou do Senado Federal – devem exercer o controle de convencionalidade na análise dos projetos de lei, podendo concluir pela inconvencionalidade do projeto, se verificada a sua incompatibilidade com a normativa internacional.

Ao seu turno, o Poder Executivo possui o dever de velar pela consecução dos direitos humanos no âmbito da Administração Pública, assegurando, por exemplo, o contraditório e a ampla defesa em processos administrativos que recaiam sobre direitos indisponíveis.

Não obstante, no Brasil ainda é a figura do Poder Judiciário que mais ganha destaque no exercício do controle de convencionalidade interno, mediante a atuação exercida via controle difuso, por meio dos vários juízes brasileiros diante de situações concretas, ou, ainda, via controle concentrado, nas hipóteses em que há um processo objetivo para análise do Supremo Tribunal Federal – STF (ou, no âmbito estadual, do respectivo Tribunal de Justiça), com utilização dos mecanismos próprios de controle concentrado, como ação de inconstitucionalidade, ação declaratória de constitucionalidade, ação diante de omissão estatal, ação de descumprimento de preceito fundamental etc.

Ainda, acerca de critérios classificatórios, Mazzuoli (2011a) defende que o controle pode ser dividido em quatro principais, a considerar o grau de hierarquia das normas e do objeto controlado. Observe esses critérios na figura a seguir.

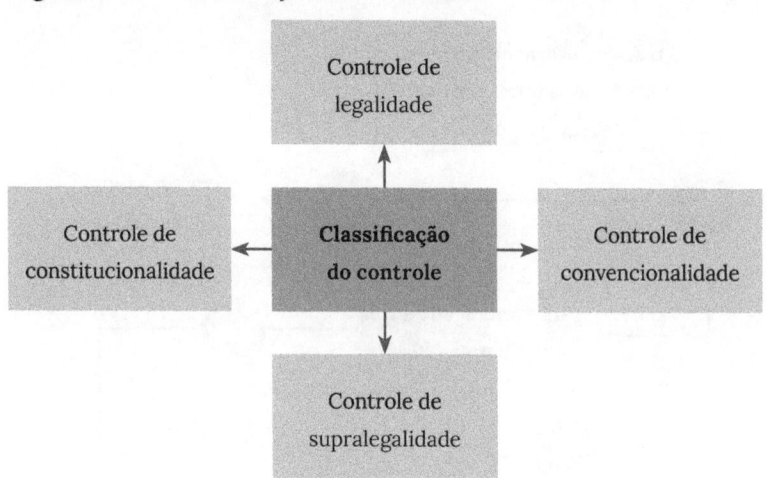

Figura 4.3 – Classificação dos controles

```
                    ┌──────────────┐
                    │  Controle de │
                    │  legalidade  │
                    └──────┬───────┘
                           ▲
                           │
┌──────────────┐    ┌──────┴───────┐    ┌──────────────┐
│  Controle de │◄───┤ Classificação├───►│  Controle de │
│constitucional│    │  do controle │    │convencional. │
└──────────────┘    └──────┬───────┘    └──────────────┘
                           │
                           ▼
                    ┌──────────────┐
                    │  Controle de │
                    │supralegalidade│
                    └──────────────┘
```

A análise do caso da prisão civil do depositário infiel no Brasil (RE 466.343/2008) é considerada exemplo clássico de controle de convencionalidade interno e de controle de supralegalidade, pois foi a partir de tal julgado que o STF consolidou seu posicionamento a respeito dos diferentes *status* de tratados de direitos humanos no ordenamento jurídico brasileiro.

O caso do controle exercido também serviu para consolidar a Súmula Vinculante n. 25, de 23 dezembro de 2009, que prevê expressamente que: "É ilícita a prisão civil de depositário infiel, qualquer que seja a modalidade do depósito" (STF, 2009).

Para esclarecer, segue fluxograma (Figura 4.4) que explica a questão da hierarquia dos tratados internacionais, de acordo com o entendimento do STF (2008a) exarado no julgamento do RE 466.343/2008, essencial para o estudo do controle de convencionalidade.

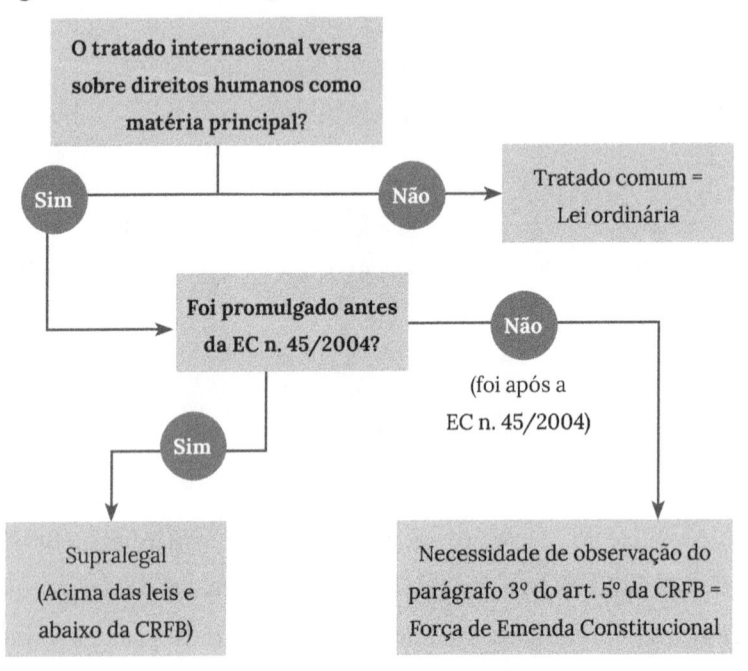

Figura 4.4 – Tratados: posicionamento hierárquico

```
                    ┌─────────────────────────────┐
                    │ O tratado internacional versa│
                    │ sobre direitos humanos como  │
                    │     matéria principal?       │
                    └─────────────────────────────┘
                      │                    │
                    (Sim)               (Não) ──► Tratado comum =
                      │                              Lei ordinária
                      ▼
              ┌─────────────────────┐
              │ Foi promulgado antes│──(Não)──┐
              │    da EC n. 45/2004?│          │
              └─────────────────────┘     (foi após a
                      │                    EC n. 45/2004)
                    (Sim)                      │
                      ▼                        ▼
              ┌──────────────┐        ┌──────────────────────────┐
              │  Supralegal  │        │ Necessidade de observação│
              │(Acima das leis e      │ do parágrafo 3º do art. 5º│
              │ abaixo da CRFB)       │ da CRFB = Força de Emenda │
              └──────────────┘        │      Constitucional       │
                                      └──────────────────────────┘
```

Explicamos o fluxograma: para avaliar a hierarquia dos tratados internacionais, é necessário realizar alguns passos. O primeiro deles é verificar a matéria cuidada pelo tratado internacional, pois os tratados que versem sobre determinadas matérias possuem graus diversos de hierarquia dentro do ordenamento jurídico brasileiro.

Os tratados que disciplinem matérias comuns – a exemplo de tratados de comércio internacional, de cooperação financeira entre Estados etc. –, ao serem internalizados no Brasil, possuirão força de lei ordinária.

São os denominados *tratados comuns*, também conhecidos como *tratados tradicionais* ou, ainda, *tratados genéricos*. Como exemplo de tratado considerado comum, podemos citar os acordos internacionais bilaterais que versem sobre comércio de minérios de ferro.

Apesar da Constituição brasileira não prever expressamente o *status* dos tratados comuns (Mazzuoli, 2011b, p. 389), a jurisprudência já fixou o entendimento no sentido de equivalência do tratado à lei ordinária.

Assim sendo, o STF mantém a posição da hierarquia dos tratados comuns desde 1977, quando do julgamento do RE n. 80.004/SE, que versou sobre a temática de letras de câmbio e notas promissórias.

Acerca da problemática envolvida no RE n. 80.004/SE, assim explica Mazzuoli (2011b, p. 390-391):

> A discussão, em sede recursal, versava sobre o conflito entre o Decreto-Lei 427, de 22 de janeiro de 1969, que instituiu o registro obrigatório da nota promissória na repartição fiscal, sob pena de nulidade, e a Lei Uniforme sobre Letras de Câmbio e Notas Promissórias, aprovada pela Convenção de Genebra, anteriormente ratificada pelo Estado brasileiro e com vigência reconhecida pelo próprio STF. O cerne de toda a controvérsia residia na pretensão de nulidade do Decreto-lei 427/69, que exigia como condição de validade da nota promissória o seu registro, dentro do prazo decadencial, na repartição competente definida pelo Ministério da Fazenda, requisito não previsto e não exigido pela Lei Uniforme de Genebra.

Não obstante o posicionamento do STF (1977), a doutrina ainda guarda discussões e discordâncias com a direção tomada pelo julgado e consolidada ao longo dos anos. Nessa medida, sobretudo os doutrinadores internacionalistas, como Valério de Oliveira Mazzuoli (2011b, p. 392), tendem a defender o primado do Direito Internacional ante o ordenamento doméstico brasileiro.

Para recordar
Os tratados comuns, graças ao entendimento do STF no RE n. 80.004/1977, possuem força de lei ordinária, ou seja, força de lei comum, como assim é a maioria da legislação vigente.

O assunto como cobrado em concurso público
Saber diferenciar os tratados internacionais quanto à matéria e saber o grau de hierarquia dos tratados comuns pode ser um diferencial ao candidato que preste concursos públicos que contem com a cobrança de temas de direitos humanos, Direito Internacional ou Direito Constitucional.

Inclusive, em 2018, a banca Cespe, em fase objetiva e eliminatória, procurou verificar justamente se o candidato ao cargo de diplomata sabia a questão da hierarquia dos tratados internacionais. Confira a questão a seguir e procure respondê-la.

(CESPE – 2018 – Instituto Rio Branco, Prova: Diplomata) No que tange aos direitos e garantias fundamentais e ao processo legislativo, conforme disposto na Constituição Federal de 1988 (CF), julgue (C ou E) o item subsequente.

Os tratados e convenções internacionais genericamente considerados terão *status* constitucional se forem aprovados pelo processo legislativo previsto para a votação de emendas à CF.
( ) Certo
( ) Errado

Gabarito oficial: Errado.

Comentário: Como vimos, os tratados e convenções internacionais comuns ("genericamente considerados") possuem força de lei ordinária, conforme jurisprudência pacífica. Apenas poderá possuir *status* de emenda constitucional os tratados de direitos humanos que atenderem o processo legislativo próprio das emendas, conforme será explanado mais adiante. Não deixe de conferir.

Já no que se refere aos tratados que versem sobre direitos humanos, ratificados e internalizados sobretudo a partir do processo de redemocratização brasileira (Piovesan, 2010, p. 23), é preciso ter atenção redobrada, uma vez que contam com outros graus de hierarquia, que os diferenciam dos demais tratados.

Considerando essa questão, é preciso, de antemão, clarificar que, no Brasil, os tratados internacionais, sejam comuns, sejam de direitos humanos, são incorporados pela ordem jurídica brasileira a partir da sua promulgação pela via do decreto executivo do presidente da República, bem como pela sua consequente publicação, conforme entendimento doutrinário e jurisprudencial.

Desse modo, os tratados internacionais de direitos humanos também dependem de avaliação quanto ao momento de incorporação no Brasil.

Os tratados internacionais incorporados anteriormente à Emenda Constitucional (EC) n. 45, de 30 de dezembro de 2004 (Brasil, 2004) – que trouxe à Constituição o parágrafo 3º do art. 5º –, possuem força supralegal, ao passo que os tratados internacionais posteriores à EC n. 45/2004 deverão observar o rito constitucionalmente previsto, ainda havendo discussão doutrinária a respeito destes.

O entendimento do *status* supralegal dos tratados anteriores à EC n. 45/2004 restou consolidado por força do julgamento do STF (2008) no RE n. 466.343/2008, por meio do acolhimento do entendimento do relator do recurso, o Ministro Gilmar Mendes.

Em outras palavras: na ocasião do julgamento do RE n. 466.343/2008, que analisou situação de prisão civil de depositário infiel, decidiu o tribunal supremo que os tratados internacionais de direitos humanos **anteriores** à EC n. 45/2004 teriam *status* supralegal, ou seja, **abaixo** da Constituição brasileira, mas **acima** das demais leis.

Vale o seguinte cuidado: não há tratado internacional de direitos humanos supraconstitucional, pois nada está acima da Constituição brasileira. Trata-se, pois, de critério de supralegalidade, mas também de infraconstitucionalidade.

O exemplo de tratado internacional de direitos humanos dotado de *status* supralegal é justamente a Convenção Americana de Direitos Humanos (Pacto de San José da Costa Rica), uma vez que foi incorporada ao ordenamento jurídico interno em 1992, pela via do Decreto n. 678/1992.

Inclusive, foi justamente a Convenção Americana de Direitos Humanos que travou embate na questão da prisão civil do depositário infiel. Isso porque, enquanto a Constituição brasileira de 1988 permitia dois casos de prisão civil – a alimentar e a prisão civil decorrente de infidelidade no depósito –, a Convenção Americana de Direitos Humanos apenas trazia como possibilidade a prisão civil decorrente de dívida alimentícia.

Por consequência, levantou-se o questionamento de incompatibilidade entre o texto constitucional e a legislação infraconstitucional, como o Código Civil e o Código de Processo Civil, e a Convenção Americana de Direitos Humanos.

Destarte, o STF julgou que a Convenção possui força supralegal, sendo que a prisão civil do depositário infiel não poderia restar concretizada no Brasil ante a incompatibilidade entre a legislação infraconstitucional e o tratado supralegal.

> **Atenção!**
> A Convenção Americana de Direitos Humanos possui força supralegal, mas encontra-se hierarquicamente abaixo da Constituição brasileira.

> **O assunto como cobrado em concurso público**
> A Convenção Americana de Direitos Humanos é um tratado internacional de utilização cotidiana no meio jurídico, sendo essencial saber seu grau hierárquico ante o ordenamento jurídico interno brasileiro.
> Inclusive, os concursos públicos não deixam passar despercebida a matéria. Nesse sentido, veja o seguinte exemplo de questão objetiva aplicada aos candidatos ao cargo de Delegado de Polícia Civil do Estado do Pará e procure respondê-la.
> (FUNCAB – 2016 – PC/PA, Delegado de Polícia Civil) De acordo com o art. 5º, LXVII, da CRFB/1988, "Não haverá prisão civil por dívida, salvo a do responsável pelo inadimplemento voluntário e inescusável de obrigação alimentar e a do depositário infiel". A Convenção Americana sobre Direitos Humanos – Pacto de San José da Costa Rica, que proíbe a prisão por dívida decorrente do descumprimento de obrigações contratuais, à qual o Brasil aderiu, foi internalizada com o status de:

A) norma supralegal e infraconstitucional.
B) lei complementar.
C) norma supraconstitucional.
D) norma constitucional.
E) lei ordinária.

Gabarito oficial: A.

Comentário: Conforme visto, o julgamento do RE n. 466.343/2008 definiu o *status* hierárquico da Convenção Americana de Direitos Humanos (Pacto de San José da Costa Rica), sendo esta supralegal e infraconstitucional, ou seja, acima das leis, mas abaixo da Constituição brasileira.

Por outro lado, considerando ainda o julgado no RE n. 466.343/2008, os tratados internacionais de direitos humanos incorporados posteriormente ao advento da EC n. 45/2004 poderão ter força de emenda constitucional se observado o rito constitucional previsto no art. 60, parágrafo 2º, da Constituição brasileira, conforme dispõe o art. 5º, parágrafo 3º, do diploma constitucional.

> Art. 5º [...]
>
> § 3º Os tratados e convenções internacionais sobre direitos humanos que forem aprovados, em cada Casa do Congresso Nacional, em dois turnos, por três quintos dos votos dos

respectivos membros, serão equivalentes às emendas constitucionais. (Incluído pela Emenda Constitucional n° 45, de 2004). (Brasil, 1988a)

Em outras palavras, acaso o tratado internacional de direitos humanos tenha aprovação em cada Casa do Congresso Nacional, em dois turnos, por três quintos (3/5) dos votos de seus membros, terá ele força constitucional, como se fosse uma emenda à Constituição.

A respeito desses tratados, na atualidade observa-se que, no Brasil, há dois tratados internacionais que contam com hierarquia constitucional, ambos versando sobre a proteção às pessoas com deficiência. Confira:

Tratados internacionais incorporados no Brasil com força de emenda constitucional:

1. **Convenção Internacional sobre o Direito das Pessoas com Deficiência** e seu respectivo **Protocolo Facultativo** (conhecidos como *Convenção de Nova Iorque*), promulgados por meio do Decreto n. 6.949/2009.

2. **Tratado de Marraqueche**, voltado para facilitar o acesso a obras publicadas às pessoas cegas, com deficiência visual ou com outras dificuldades para acessar textos impressos, promulgado por meio do Decreto n. 9.522/2018.

O assunto como cobrado em concurso público

A hierarquia dos tratados internacionais vigentes no Brasil é assunto bastante cobrado em certames públicos que demandem conhecimento jurídico de direitos humanos, Direito Constitucional ou Direito Internacional.

Considerando o assunto dos tratados internacionais com força constitucional no Brasil, veja a questão objetiva a seguir aplicada em concurso público e procure respondê-la.

(FCC – 2017 – DPE-PR, Defensor Público) De acordo com o posicionamento do Supremo Tribunal Federal sobre a hierarquia dos tratados internacionais de direitos humanos, consideram-se como tratados de hierarquia constitucional:

I. Regras Mínimas das Nações Unidas para a Administração da Justiça da Infância e Juventude – Regras de Beijing.

II. Convenção Internacional sobre os Direitos das Pessoas com Deficiência e seu respectivo Protocolo Facultativo – Convenção de Nova Iorque.

III. Convenção Americana Sobre Direitos Humanos – Pacto de San José da Costa Rica.

IV. Tratado de Marraqueche para facilitar o acesso a obras publicadas às pessoas cegas, com deficiência visual ou com outras dificuldades para aceder ao texto impresso.

Está correto o que se afirma em

A) I, II, III e IV.
B) II e III, apenas.
C) II e IV, apenas.
D) I e II, apenas.
E) III e IV, apenas.

Gabarito oficial: C.

Comentário: Conforme visto, dois são os tratados na atualidade com força de emenda constitucional, ambos versando sobre direitos humanos concernentes às pessoas com deficiência.

Ainda sobre o complexo tema da hierarquia dos tratados, vale notar que remanesce discussão doutrinária a respeito dos tratados internacionais de direitos humanos incorporados posteriormente ao advento da redação do art. 5º, parágrafo 3º, da Constituição brasileira, conferida por força da EC n. 45/2004.

No ponto, esse não foi tema tratado pelo RE n. 466.343/2008, uma vez que esse recurso versava sobre a posição da Convenção Americana de Direitos Humanos no ordenamento jurídico brasileiro e sua relação com a Constituição brasileira e a legislação infraconstitucional. Porém, com o posicionamento do STF constante no RE n. 466.343/2008, outras questões foram levantadas, como a problemática da incorporação hodierna (após o advento do parágrafo 3º do art. 5º do texto constitucional) dos tratados internacionais de direitos humanos.

Em outras palavras, há pendente a questão se o art. 5º, parágrafo 3º, colocaria uma imposição aos tratados internacionais de direitos humanos de observarem um quórum especial e, assim, passarem todos a ter força de emenda constitucional, ou se, ao revés, trata-se de uma escolha, uma possibilidade ao legislador (Ramos, 2019, p. 377-378).

Tal situação poderá ganhar especial importância, dado que novos tratados internacionais de direitos humanos, como a Convenção Interamericana sobre a Proteção dos Direitos Humanos dos Idosos, estão para ser internalizados no Brasil.

De qualquer maneira, no esquema a seguir (Figura 4.5) consta o resumo básico da hierarquia dos tratados internacionais de acordo com o que ficou consolidado tanto no RE n. 80.004/1977, acerca dos tratados comuns, quanto no RE n. 466.343/2008, sobre tratados de direitos humanos.

Outrossim, a respeito da supremacia constitucional, como integrante do topo piramidal, recomenda-se a leitura do primeiro capítulo desta obra, que trata especificamente sobre o assunto da superioridade hierárquica constitucional.

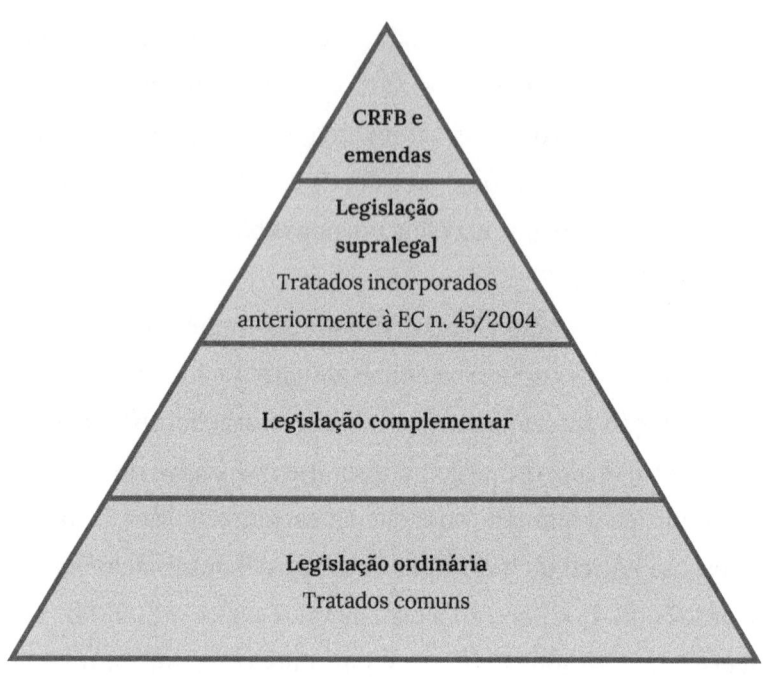

Figura 4.5 – Posicionamento hierárquico dos tratados de direitos humanos

```
              /\
             /  \
            /CRFB e\
           /emendas \
          /----------\
         / Legislação \
        /  supralegal  \
       / Tratados incorporados \
      / anteriormente à EC n. 45/2004 \
     /--------------------------------\
    /                                  \
   /      Legislação complementar       \
  /--------------------------------------\
 /                                        \
/           Legislação ordinária           \
/             Tratados comuns               \
--------------------------------------------
```

Em que pese o entendimento jurisprudencial assente no STF, a doutrina, tanto do âmbito do Direito Internacional quanto do Direito Constitucional, ainda não parece unânime quando o assunto é hierarquia dos tratados internacionais de direitos humanos, conforme já comentado.

Como exemplo, acerca de diferentes doutrinas a respeito do tema da hierarquia dos tratados internacionais, cabe menção à teoria do trapézio, desenvolvida por autores como Flávia Piovesan (2010, p. 20).

De acordo com a teoria do trapézio, em vez da clássica forma piramidal de hierarquia das normas, desenvolvida sobretudo por Hans Kelsen (veja a questão da supremacia constitucional e lições de Hans Kelsen no Capítulo 1 da presente obra), no topo (ápice), integrando um bloco de constitucionalidade amplo, além da Constituição, também estariam presentes os tratados internacionais de direitos humanos.

Figura 4.6 – Teoria do trapézio de Hans Kelsen

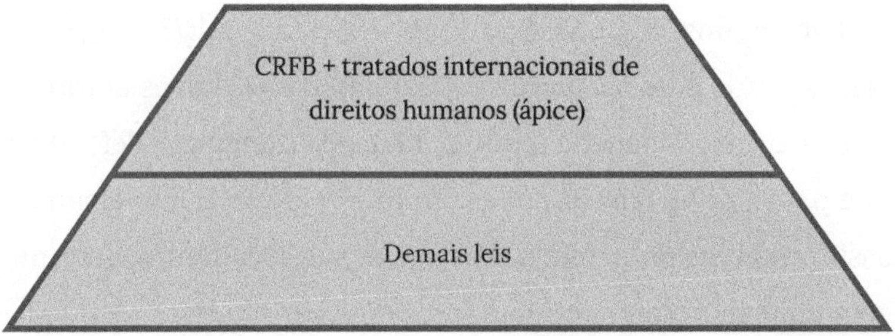

CRFB + tratados internacionais de direitos humanos (ápice)

Demais leis

Fonte: Elaborado com base em Piovesan, 2010.

A ideia maior aqui é de convivência entre tratados internacionais de direitos humanos e normas constitucionais, compondo o que a doutrina denomina **bloco de constitucionalidade amplo** (Ramos, 2019, p. 387).

Inclusive, cuida-se de posicionamento que foi acolhido pelo Ministro Celso de Mello quando no julgamento do RE n. 466.343/2008, sobre a prisão civil do depositário infiel. Contudo, prevaleceu o entendimento do relator, Ministro Gilmar Mendes, a respeito dos variados graus de hierarquia dos tratados de direitos humanos.

No âmbito da ideia de bloco de constitucionalidade, contudo, não haveria espaço maior ao controle de convencionalidade, uma vez que este se faz possível justamente para fins de ampliação da parametricidade normativa, quando a legislação interna se mostrar incompatível ou em desarmonia com os tratados internacionais de direitos humanos.

Além disso, ainda há forte discussão no que tange a tratados internacionais tributários ante as interpretações diversas conferidas em relação ao Código Tributário Nacional (CTN).

Para alguns, como Valério de Oliveira Mazzuoli (2011b, p. 413-414), o *status* é de lei supralegal, ao passo que outros autores – Hugo de Brito Machado (2019, p. 102), por exemplo – defendem que os tratados tributários teriam força de lei complementar, assim como há doutrinadores, à luz da jurisprudência, que aduzem que tais tratados teriam força de lei ordinária.

Outro âmbito de discussão é a respeito da hierarquia dos tratados internacionais que versem sobre matéria processual civil, sobretudo após o advento do Código de Processo Civil (CPC) – Lei n. 13.105, de 16 de março de 2015 –, que prevê, em seu art. 13, que "a jurisdição civil será regida pelas normas processuais brasileiras, ressalvadas as disposições específicas previstas em tratados, convenções ou acordos internacionais de que o Brasil seja parte" (Brasil, 2015).

Nessa medida, alguns doutrinadores, como Paulo Henrique Gonçalves Portela (2019), já afirmam o grau supralegal dos tratados processuais civis, ainda, contudo, sem entendimento uniforme e pacífico a respeito da matéria.

De todo modo, é preciso conhecer o entendimento jurisprudencial até então vigente e aplicável a respeito dos tratados comuns e dos tratados de direitos humanos, bem como estar ciente de que há divergências doutrinárias a respeito da temática e de que novos temas podem chegar ao âmbito dos julgadores.

No ponto, o assunto da hierarquia dos tratados internacionais é relevante ao controle de convencionalidade para fixação dos parâmetros possíveis e dos objetos que possam ser alvos de fiscalização de sua compatibilidade por parte de tribunais internacionais ou por parte do direito interno de cada Estado.

Nesse sentido, vale frisar que, não obstante a importância do papel exercido pelos tribunais domésticos, o controle de convencionalidade não é necessariamente e tão somente um controle jurisdicional, uma vez que deverá ser exercido também nas esferas executiva (Poder Executivo, sobretudo vislumbrado por meio da Administração Pública) e legislativa (Poder Legislativo).

Em outros termos: o controle de convencionalidade não é dever exclusivo do Poder Judiciário, mas é também de observação do âmbito do Poder Executivo e do Poder Legislativo.

> O assunto da hierarquia dos tratados internacionais é relevante ao controle de convencionalidade para fixação dos parâmetros possíveis e dos objetos que possam ser alvos de fiscalização de sua compatibilidade por parte de tribunais internacionais ou por parte do direito interno de cada Estado.

Por exemplo: a situação de controle de convencionalidade prévio, quando o Poder Legislativo não referenda tratado internacional de direitos humanos no Brasil ante sua incompatibilidade insanável com a Constituição e perante a possibilidade de alto gravame do Estado brasileiro.

O assunto como cobrado em concurso público

O controle de convencionalidade é tema em alta, explorado em uma diversidade de disciplinas, a exemplo maior do Direito Constitucional e dos Direitos Humanos.

Nesse sentido, na prova de 2019 para o cargo de defensor público do Estado de São Paulo, o candidato deveria ter em mente as noções gerais acerca do controle de convencionalidade para acertar uma questão objetiva do certame, organizado pela banca FCC.

Confira a seguir a questão da prova objetiva e procure respondê-la.

(FCC – 2019 – DPE-SP, Defensor Público) O controle de convencionalidade deve

A) levar em conta a jurisprudência contenciosa da Corte Interamericana de Direitos Humanos, desde que decorrente de casos nos quais o Estado tenha sido parte.

B) ser realizado *ex officio* como função e tarefa de qualquer autoridade pública, no marco de suas competências, e não apenas por juízes ou tribunais, que sejam competentes, independentes, imparciais e estabelecidos anteriormente por lei.

> C) ter como objeto de confronto a normativa infraconstitucional dos Estados, ficando a compatibilidade das normas constitucionais para solução pelo controle de constitucionalidade.
>
> D) implicar na supressão das normas confrontadas, constatada incompatibilidade com a Convenção Americana de Direitos Humanos.
>
> E) ser realizado em nível internacional independentemente de que o Estado tenha a oportunidade de, internamente, declarar a violação e reparar o dano por seus próprios meios.
>
> **Gabarito oficial**: B.
>
> **Comentário**: Conforme você pôde conferir, o controle de convencionalidade é um dever do Estado referente à proteção da pessoa humana. Além disso, viu que o controle de convencionalidade não é dever exclusivo do Poder Judiciário, mas sim de todos os poderes estatais.

Vale a observação, contudo, de que o controle de convencionalidade não implicará, sempre, prevalência da norma internacional de direitos humanos no conflito com a norma interna ou na análise de compatibilidade das normas em casos concretos.

Assim, se a Constituição brasileira ou a legislação interna for mais favorável à pessoa humana, deverá esta prevalecer, tomando-se por base o parâmetro mais favorável ao titular do direito humano envolvido.

Cuida-se, pois, da aplicação do princípio *pro persona* (também denominado *princípio pro homine*), defendido por doutrinadores como Flávia Piovesan, André de Carvalho Ramos, Valério de Oliveira Mazzuoli, dentre outros.

> Para simplificar: o princípio *pro persona* (princípio *pro homine*) trata de aplicação de critério diverso, que considera a norma mais protetiva como parâmetro para fins de verificação da compatibilidade e da relação entre norma internacional e norma interna.

Como exemplo, podemos mencionar a legislação interna brasileira no que diz respeito à proteção da mulher enquanto minoria. A Lei Maria da Penha – Lei n. 11.340, de 7 de agosto de 2006 (Brasil, 2006a) – bem ilustra o diálogo entre fontes internas e internacionais, tratando-se, na atualidade, de legislação protetiva mais benéfica ante as normas internacionais.

Inclusive, a Lei Maria da Penha foi justamente fruto de uma inter-relação entre o ambiente interno e a esfera interamericana de proteção aos direitos humanos, ilustrada por meio do caso, analisado pela Comissão Interamericana de Direitos Humanos, da vítima de violência doméstica que dá atualmente nome à lei brasileira: *Maria da Penha*.

Outro exemplo de aplicação do princípio *pro persona* se deu justamente na questão da prisão civil do depositário infiel e o julgamento do RE n. 466.343/2008, no qual prevaleceu a norma mais protetiva à pessoa humana, ou seja, a Convenção Americana de Direito Humanos.

O assunto como cobrado em concurso público

A ideia de aplicação do princípio *pro persona*, ou *pro homine*, é assunto que já foi objeto de cobrança em provas de concurso público, sobretudo naquelas que versem sobre cargos públicos que demandem conhecimento e prática de direitos humanos, a exemplo da figura do defensor público.

Nesse sentido, confira a questão objetiva a seguir e procure respondê-la.

(VUNESP – 2017 – DPE-RO, Defensor Público Substituto) Assinale a alternativa que contém o critério que deve ser adotado no conflito entre a Constituição Federal e determinado tratado internacional de proteção de direitos humanos.

A) Não há critério pré-estipulado, ficando a cargo do julgador a análise sobre qual das normas melhor se adequa ao caso concreto.

B) Dada a supremacia da Constituição Federal no ordenamento jurídico interno, a regra nela prevista prevalece sobre a norma prescrita no tratado internacional de proteção de direitos humanos.

C) Prevalece a norma mais benéfica ao indivíduo, titular do direito (princípio *pro homine*).

D) Lei posterior revoga lei anterior com ela incompatível.

E) Por possuir hierarquia supraconstitucional, prevalece a norma do tratado internacional de proteção de direitos humanos.

Gabarito oficial: C.

Comentário: Dentre as diversas formas de resolver os conflitos entre norma interna e norma internacional, o princípio *pro homine* aduz que há de se aplicar a norma mais favorável, mais benéfica ao ser humano detentor de direitos.

Em suma, o controle de convencionalidade no ambiente interno se trata de um complexo tema, com diversidade de detalhes importantes ao estudo. O quadro a seguir esquematiza todo o exposto sobre o controle de convencionalidade interno brasileiro.

Em síntese

Controle de convencionalidade interno brasileiro	
Conceito	Trata-se do "processo de compatibilização vertical (sobretudo material) das normas de Direito interno com os comandos encontrados nas convenções internacionais de Direitos Humanos" (Mazzuoli, 2011a, p. 77).
Fundamentos	■ Princípio do *pacta sunt servanda*. ■ Impossibilidade de alegação de normas internas ante tratados internacionais a que se comprometeu o Estado. ■ Reconhecimento dos direitos humanos enquanto normas a serem cumpridas.
Finalidades	■ Harmonização de normas internas com normas internacionais ■ Promoção, proteção e garantia dos direitos humanos. ■ Não responsabilização internacional dos Estados.
Modalidades	■ Controle de convencionalidade interno difuso → exercido por qualquer autoridade do Estado. ■ Controle de convencionalidade interno concentrado. ■ Supremo Tribunal Federal (STF). ■ Tribunal de Justiça. **Observação:** O controle de convencionalidade interno não é tão só um controle judicial, mas também dever de todos os poderes do Estado (Poder Legislativo, Poder Executivo e Poder Judiciário).

(continua)

(conclusão)

Controle de convencionalidade interno brasileiro	

Características	■ Considera a hierarquia dos tratados internacionais incorporados no Brasil.
	■ Tratados-comuns: força de lei ordinária (RE n. 80.004/1977).
	■ Tratados de direitos humanos: dois *status* possíveis (RE n. 466.343/2008):
	  1. força supralegal;
	  2. força constitucional (emenda constitucional) → observar art. 5º, § 3º, CRFB.
	■ Agente estatal como intérprete da norma.
	Observação: Princípio *pro persona* (*pro homine*) → prevalência da norma mais favorável à pessoa humana detentora de direitos.

Discussões doutrinárias--exemplos	■ Hierarquia dos tratados e entendimento do STF no RE n. 466.343/2008. ■ Hierarquia dos tratados internacionais que versem sobre matéria tributária. ■ Hierarquia dos tratados internacionais que versem sobre matéria processual civil. ■ Obrigatoriedade ou não de observância do art. 5º, § 3º, da CRFB a novos tratados a serem incorporados no Brasil. **Observação**: Atualização conforme a jurisprudência e a doutrina.

Considerações finais

Ao longo da presente obra, procuramos apresentar uma visão múltipla do controle de constitucionalidade e do controle de convencionalidade, com destaque, para além do uso da legislação, da doutrina e da jurisprudência mais atualizada.

O enfoque maior, por certo, deu-se pelo ordenamento jurídico brasileiro e pela Constituição da República Federativa Brasileira de 1988, sem olvidar, por outro lado, a apresentação do histórico do controle de constitucionalidade e a relevância das experiências advindas de outros sistemas constitucionais.

Destarte, iniciamos o estudo do controle de constitucionalidade pela sua conceituação teórica e prática, com a análise dos principais fundamentos e das finalidades da realização da fiscalização das normas em relação à Constituição, considerada a norma suprema de um ordenamento jurídico interno.

Na mesma linha, verificamos que a inconvencionalidade encontra diversas tipologias de acordo com a doutrina e a jurisprudência, com destaque para aquelas consideradas principais, de conhecimento imprescindível no mundo jurídico, bem como aquelas aplicáveis à situação atual do Brasil.

Notadamente, o estudo ganhou tópicos próprios quanto ao controle político e ao controle jurisdicional ou misto de constitucionalidade, bem como quanto ao controle prévio e ao controle repressivo de constitucionalidade.

Após, centramos o estudo nas figuras da súmula vinculante e do instituto da Reclamação Constitucional, como importantes mecanismos no auxílio do controle de constitucionalidade.

No capítulo seguinte, passamos a analisar melhor o controle de constitucionalidade na sua modalidade difusa, exercido por todo e qualquer órgão do Poder Judiciário, com a análise do seu histórico, conferido a partir do julgamento do caso Marbury *versus* Madison, nos Estados Unidos (1803), e suas influências no âmbito do direito brasileiro, assim como o funcionamento atual do controle difuso no Brasil.

Analisamos ainda, de modo esquematizado, as figuras do recurso extraordinário e do instituto da Repercussão Geral como pontos essenciais de estudo no controle difuso de constitucionalidade.

Outrossim, o controle concentrado de constitucionalidade ganhou capítulo próprio, dadas suas origens e características próprias. Mais especificamente, nosso estudo teve como foco a apresentação dos principais mecanismos de controle concentrado de constitucionalidade brasileiro à luz da normativa constitucional, da doutrina e da jurisprudência.

Por fim, passamos a tratar do controle de convencionalidade, como meio essencial para consecução da proteção aos direitos humanos. Nessa medida, variados pontos foram examinados, com destaque para o estudo esquematizado do controle de convencionalidade exercido internacionalmente, por parte do sistema interamericano de proteção aos direitos humanos, e do controle de convencionalidade interno, seguindo o ordenamento jurídico do âmbito do Estado do Brasil.

Assim, ante todo o exposto, a obra procurou tratar, de forma atualizada, dos principais temas relacionados ao controle de constitucionalidade e ao controle de convencionalidade, com o auxílio do uso de uma linguagem facilitada e objetiva, no intuito de abarcar leitores com os mais variados propósitos jurídicos.

Inclusive, a obra contou com a análise de diversas questões objetivas de concursos públicos, além de comentários próprios a respeito, demonstrando a prática e a relevância dos temas estudados.

Tratam-se de questões objetivas consideradas recentes e que abarcam uma diversidade de cargos jurídicos possíveis, como magistratura, promotor de justiça, procurador de estado, defensor público etc.

Por outro lado, esta obra não está alheia à doutrina e à teoria a respeito do controle de constitucionalidade e do controle de convencionalidade, uma vez que reconhecidamente são essenciais para a formação do entendimento.

Por certo, o estudo do controle de constitucionalidade e do controle de convencionalidade trata-se de algo complexo, que exige do leitor um interesse ou uma necessidade relacionada ao assunto.

Desse modo, para fins de aprimorar ainda mais os estudos das matérias tratadas na obra, sugerimos o aprofundamento constante no que se refere aos controles de constitucionalidade e de convencionalidade, com a atualização dos temas vistos, sem descurar da jurisprudência e de novos julgados que possam vir a surgir.

No final da obra, indicamos alguns *sites* para fins de realização de possíveis atualizações a respeito das matérias. Também ao longo da obra outros *sites* podem ser encontrados para fins de aprimoramento constante, além das referências reunidas ao final da obra, na seção "Referências".

Esperamos que você tenha uma ótima experiência com esta obra e que possa aproveitá-la das diversas maneiras possíveis.

Para saber mais

Sites para ficar sempre atualizado acerca do controle de constitucionalidade e de convencionalidade:

Supremo Tribunal Federal (STF)
Site oficial do STF, com informações e notícias a respeito do cotidiano do tribunal e dos casos julgados.

STF – Supremo Tribunal Federal. Disponível em: <http://portal.stf.jus.br/>. Acesso em: 4 abr. 2020.

Informativos do STF
Importante para atualização de temas relacionados ao controle de constitucionalidade e para compreender o cotidiano do STF,

analisando como o Tribunal julga. São imprescindíveis a quem vai prestar concursos públicos, podendo ser lidos semanalmente, por temas ou por teses e fundamentos do STF.

>STF – Supremo Tribunal Federal. **Informativo STF**. Disponível em: <http://www.stf.jus.br/portal/informativo/informativoSTF.asp>. Acesso em: 4 abr. 2020.

Organização dos Estados Americanos (OEA)

Site oficial da organização dos Estados Americanos (OEA), para fins de estudo do sistema interamericano de proteção dos direitos humanos, analisado nesta obra no estudo do controle de convencionalidade internacional.

>OEA – Organização dos Estados Americanos. Disponível em: <http://www.oas.org/pt/>. Acesso em: 4 abr. 2020.

Corte Interamericana de Proteção aos Direitos Humanos

Site oficial do tribunal internacional do âmbito do sistema interamericano de proteção aos direitos humanos. Conta com jurisprudência atualizada a respeito do controle de convencionalidade internacional e mapa interativo dos casos já julgados, além de possuir biblioteca com inúmeras revistas internacionais. Disponível em espanhol e em inglês.

>CORTE INTERAMERICANA DE PROTEÇÃO AOS DIREITOS HUMANOS. Disponível em: <http://www.corteidh.or.cr/>. Acesso em: 4 abr. 2020.

Revista IUS GENTIUM

Revista científica mantida pelo Programa de Pós-Graduação em Direito do Centro Universitário Internacional Uninter (PPGD/Uninter) que conta com artigos da doutrina constitucionalista a respeito de análises diversas sobre o controle de constitucionalidade.

REVISTA IUS GENTIUM. Disponível em: <https://www.uninter.com/iusgentium/>. Acesso em: 4 abr. 2020.

Consultor Jurídico

Site com atualidades do mundo jurídico para fins de informação. Apresenta colunas com opiniões da doutrina, o cotidiano dos tribunais e as novidades legislativas.

CONSULTOR JURÍDICO. Disponível em: <https://www.conjur.com.br/>. Acesso em: 4 abr. 2020.

Migalhas

Site com notícias do mundo jurídico para informação cotidiana do que está em pauta e em discussão nos tribunais e na doutrina.

MIGALHAS. Disponível em: <https://www.migalhas.com.br/>. Acesso em: 4 abr. 2020.

QConcursos

Site que contém banco de questões de concursos públicos das mais diversas áreas. Recomendável para treinamento dos assuntos estudados, bem como para verificação de como o conteúdo é cobrado em provas objetivas.

QCONCURSOS. Disponível em: <https://www.qconcursos.com/>. Acesso em: 4 abr. 2020.

Dizer O Direito

Site ideal para conferir base de estudos de Informativos do âmbito do Supremo Tribunal Federal (STF) e do Superior Tribunal de Justiça (STJ). Muito utilizado em razão da linguagem facilitada e, ao mesmo tempo, com aprofundamentos acerca dos temas discutidos pela jurisprudência.

DIZER O DIREITO. Disponível em: <https://www.dizerodireito.com.br/>. Acesso em: 4 abr. 2020.

Referências

AZEM, G. B. N. A instrumentalidade objetiva do recurso extraordinário. **Revista de Informação Legislativa**, Brasília, ano 48, n. 190, abr./jun. 2011. Disponível em: <https://www12.senado.leg.br/ril/edicoes/48/190/ril_v48_n190_t1_p205.pdf>. Acesso em: 4 abr. 2020.

BARROSO, L. R. **Curso de direito constitucional contemporâneo**: os conceitos fundamentais e a construção do novo modelo. 8. ed. São Paulo: Saraiva, 2019.

BARROSO, L. R. **O controle de constitucionalidade no direito brasileiro**: exposição sistemática da doutrina e análise crítica da jurisprudência. 6. ed. rev. e atual. São Paulo: Saraiva, 2012.

BOBBIO, N. **A era dos direitos**. Tradução de Carlos Nelson Coutinho. Rio de Janeiro: Elsevier/Campus, 2004.

BONAVIDES, P. **Curso de direito constitucional**. 23. ed. atual. e ampl. São Paulo: Malheiros, 2008.

BRASIL. Constituição (1988). **Diário Oficial da União**, Brasília, DF, 5 out. 1988a. Disponível em: <http://www.planalto.gov.br/ccivil_03/constituicao/constituicao.htm>. Acesso em: 16 abr. 2020.

BRASIL. Constituição (1988). Emenda Constitucional n. 45, de 30 de dezembro de 2004. **Diário Oficial da União**, Brasília, DF, 31 dez. 2004. Disponível em: <http://www.planalto.gov.br/ccivil_03/constituicao/emendas/emc/emc45.htm>. Acesso em: 22 abr. 2020.

BRASIL. Constituição (1988). **Ato das Disposições Constitucionais Transitórias**. Brasília, 1988b. Disponível em: <https://www2.camara.leg.br/legin/fed/conadc/1988/constituicao.adct-1988-5-outubro-1988-322234-publicacaooriginal-1-pl.html>. Acesso em: 5 maio 2020.

BRASIL. Decreto n. 7.030, de 14 de dezembro de 2009. **Diário Oficial da União**, Poder Executivo, Brasília, DF, 15 dez. 2009a. Disponível em: <http://www.planalto.gov.br/ccivil_03/_ato2007-2010/2009/decreto/d7030.htm>. Acesso em: 21 abr. 2020.

BRASIL. Lei n. 8.038, de 28 de maio de 1990. **Diário Oficial da União**, Poder Legislativo, Brasília, DF, 29 maio 1990. Disponível em: <http://www.planalto.gov.br/ccivil_03/LEIS/L8038.htm>. Acesso em: 21 abr. 2020.

BRASIL. Lei n. 9.868, de 10 de novembro de 1999. **Diário Oficial da União**, Poder Legislativo, Brasília, DF, 11 nov. 1999. Disponível em: <http://www.planalto.gov.br/ccivil_03/leis/l9868.htm>. Acesso em: 21 abr. 2020.

BRASIL. Lei n. 10.406, de 10 de janeiro de 2002. **Diário Oficial da União**, Poder Legislativo, Brasília, DF, 11 jan. 2002. Disponível em: <http://www.planalto.gov.br/ccivil_03/leis/2002/l10406.htm>. Acesso em: 16 abr. 2020.

BRASIL. Lei n. 11.340, de 7 de agosto de 2006. **Diário Oficial da União**, Poder Legislativo, Brasília, DF, 8 ago. 2006a. Disponível em: <http://www.planalto.gov.br/ccivil_03/_ato2004-2006/2006/lei/l11340.htm>. Acesso em: 30 abr. 2020.

BRASIL. Lei n. 11.417, de 19 de dezembro de 2006. **Diário Oficial da União**, Poder Legislativo, Brasília, DF, 20 dez. 2006b. Disponível em: <http://www.planalto.gov.br/ccivil_03/_Ato2004-2006/2006/Lei/L11417.htm>. Acesso em: 21 abr. 2020.

BRASIL. Lei n. 12.063, de 27 de outubro de 2009. **Diário Oficial da União**, Poder Legislativo, Brasília, DF, 28 out. 2009b. Disponível em: <http://www.planalto.gov.br/ccivil_03/_Ato2007-2010/2009/Lei/L12063.htm>. Acesso em: 21 abr. 2020.

BRASIL. Lei n. 12.562, de 23 de dezembro de 2011. **Diário Oficial da União**, Poder Legislativo, Brasília, DF, 27 dez. 2011. Disponível em: <http://www.planalto.gov.br/ccivil_03/_Ato2011-2014/2011/Lei/L12562.htm>. Acesso em: 21 abr. 2020.

BRASIL. Lei n. 13.105, de 16 de março de 2015. **Diário Oficial da União**, Poder Legislativo, Brasília, DF, 17 mar. 2015. Disponível em: <http://www.planalto.gov.br/ccivil_03/_Ato2015-2018/2015/Lei/L13105.htm>. Acesso em: 21 abr. 2020.

BRASIL. Lei n. 13.300, de 23 de junho de 2016. **Diário Oficial da União**, Poder Legislativo, Brasília, DF, 24 jun. 2016. Disponível em: <http://www.planalto.gov.br/ccivil_03/_ato2015-2018/2016/lei/l13300.htm>. Acesso em: 30 abr. 2020.

BRASIL. Portaria GM n. 776, de 5 de setembro de 2017. **Diário Oficial da União**, Brasília, DF, 8 set. 2017. Disponível em: <https://www.justica.gov.br/seus-direitos/elaboracao-legislativa/manual_elaboracao_atos_normativos_mjsp-portaria-gm-n-776-de-5-de-setem.pdf>. Acesso em: 4 abr. 2020.

BULOS, U. L. **Curso de direito constitucional**. 12. ed. rev. e atual. São Paulo: Saraiva, 2019.

BUZAID, A. **Estudos e pareceres de direito processual civil**. São Paulo: Revista dos Tribunais, 2002.

CAMPOS, C. A. de A. **Da Inconstitucionalidade por Omissão ao "Estado de Coisas Inconstitucional"**. Tese (Doutorado em Direito Público) – Universidade do Estado do Rio de Janeiro, Rio de Janeiro, 2015.

CANOTILHO, J. J. G. **Direito constitucional e teoria da constituição**. 7. ed. Coimbra: Almedina, 2008.

CARVALHO, K. G. **Direito constitucional**: teoria do Estado e da Constituição; direito constitucional positivo. 14. ed. rev., atual. e ampl. Belo Horizonte: Del Rey, 2008.

CLÈVE, C. M. **A fiscalização abstrata de constitucionalidade no direito brasileiro**. 2. ed. São Paulo: Revista dos Tribunais, 2000.

CORTE IDH – Corte Interamericana de Direitos Humanos. **Caso Cabrera García e Montiel Flores vs. México**. Excepción Preliminar, Fondo, Reparaciones y Costas, sentença de 26 de novembro de 2010, Série C, n. 220. Disponível em: <http://www.corteidh.or.cr/docs/casos/articulos/seriec_220_esp.pdf>. Acesso em: 4 abr. 2020.

CORTE IDH – Corte Interamericana de Direitos Humanos. Control de Convencionalidad. **Cuadernillo de Jurisprudencia de la Corte Interamericana de Derechos Humanos n. 7**. Elaborado por la Corte Interamericana de Derechos Humanos con la colaboración de Claudio Nash y el Ministerio de Relaciones Exteriores de Dinamarca, 2015. Disponível em: <http://www.corteidh.or.cr/sitios/libros/todos/docs/controlconvencionalidad8.pdf>. Acesso em: 15 dez. 2019.

FERRAZ, A. C. da C. Notas sobre o controle preventivo de constitucionalidade. **Revista de Informação Legislativa**, Brasília, ano 36, n. 142, p. 279-296, abr./jun. 1999. Disponível em: <https://www2.senado.leg.br/bdsf/bitstream/handle/id/491/r142-22.PDF?sequence=4&isAllowed=y>. Acesso em: 16 abr. 2020.

FERREIRA FILHO, M. G. **Curso de direito constitucional**. 40. ed. São Paulo: Saraiva, 2018.

FERREIRA, O. A. V. A. **Controle de constitucionalidade e seus efeitos**. 4. ed. Salvador: Juspodivm, 2018.

GIUSTINA, V. D. **Controle de constitucionalidade das leis**. 2. ed. Porto Alegre: Livraria do Advogado, 2006.

GOLDSTONE, L. **The Activist:** John Marshall, Marbury v. Madison, and the Myth of Judicial Review. New York: Walker & Company, 2011.

GOMES, E. B.; BRANDALISE, A. E. A teoria ambientalista (Green Theory) e a competência consultiva da corte interamericana de direitos humanos: o caso da Colômbia. **Revista de Direito Internacional**, Brasília, v. 14, n. 3, p. 148-159, 2017. Disponível em: <https://www.publicacoesacademicas.uniceub.br/rdi/article/view/4594>. Acesso em: 4 abr. 2020.

HESSE, K. **A força normativa da Constituição**. Tradução Gilmar Ferreira Mendes. Porto Alegre: Sergio Antônio Fabris, 1991.

HORTA, R. M. **Direito constitucional**. 5. ed. Belo Horizonte: Del Rey, 2010.

JOUANNET, E. De qué sirve el derecho internacional? El derecho internacional providencia del siglo XXI. **Revista de Derecho Público**, n. 27, jul./dic. 2011.

LEITE, F. C. Pelo fim da "Cláusula de Reserva de Plenário". **Revista Direito, Estado e Sociedade**, Rio de Janeiro, n. 40, p. 91-131, jan./jun. 2012. Disponível em: <http://direitoestadosociedade.jur.puc-rio.br/media/4artigo40.pdf>. Acesso em: 22 abr. 2020.

LENZA, P. **Direito constitucional esquematizado**. 23. ed. rev. e atual. São Paulo: Saraiva, 2019.

MACHADO, H. de B. **Curso de direito tributário**. 40. ed. ver. e atual. São Paulo: Malheiros, 2019.

MAZZUOLI, V. de O. **Curso de direito internacional público**. 5. ed. São Paulo: Revista dos Tribunais, 2011a.

MAZZUOLI, V. de O. **Direito dos tratados**. 5. ed. rev., atual. e ampl. São Paulo: Revista dos Tribunais, 2011b.

MAZZUOLI, V. de O. O controle jurisdicional da convencionalidade das leis: o novo modelo de controle da produção normativa doméstica sob a ótica do "diálogo das fontes". **Revista Argumenta – UENP**, Jacarezinho, n. 15, p. 77-114, 2011c. Disponível em: <http://seer.uenp.edu.br/index.php/argumenta/article/view/200>. Acesso em: 5 maio 2020.

MEDINA, D. **Amicus Curiae**: amigo da corte ou amigo da parte? São Paulo: Saraiva, 2010.

MEDINA, D. **A repercussão geral no Supremo Tribunal Federal**. São Paulo: Saraiva, 2016.

MEDINA, J. M. G. **O prequestionamento nos recursos extraordinário e especial**: e outras questões relativas a sua admissibilidade e ao seu processamento. 3. ed. rev., atual. e ampl. São Paulo: Revista dos Tribunais, 2002.

MEIRELLES, H. L. **Direito administrativo brasileiro**. 42. ed. atual. São Paulo: Malheiros, 2016.

MELO, J. T. de A. **Direito constitucional do Brasil**. Belo Horizonte: Del Rey, 2008.

MENDES, G. F.; BRANCO, P. G. G. **Curso de direito constitucional**. 10. ed. São Paulo: Saraiva, 2015.

MENDES, G. F.; MUDROVITSCH, R. de B. (Org.). **Jurisdição constitucional, direitos fundamentais e experimentalismo institucional**. Brasília: IDP, 2012.

MIRANDA, P. de. **Comentários à Constituição de 1967**: com a Emenda n. 1 de 1969. Rio de Janeiro: Forense, 1987. Tomo III.

MORAES, A. de. **Direito constitucional**. 33. ed. São Paulo: Atlas, 2017.

MORAES, A. de. Direitos humanos fundamentais e as Constituições brasileiras. In: SILVA, J. G. T. da (Coord.). **Constitucionalismo social**: estudos em homenagem ao Ministro Marco Aurélio Mendes de Farias Mello. São Paulo: LTr, 2003.

NEVES, D. A. A. **Manual de direito processual civil**. 12. ed. rev. e atual. Salvador: Juspodivm, 2020.

NOVELINO, M. **Curso de direito constitucional**. 13. ed. Salvador: Juspodivm, 2018.

OEA – Organização dos Estados Americanos. Departamento de Direito Internacional. Secretaria de Assuntos Jurídicos. **Carta da Organização dos Estados Americanos**. 1948. Disponível em: <https://www.oas.org/dil/port/tratados_A-41_Carta_da_Organiza%C3%A7%C3%A3o_dos_Estados_Americanos.pdf>. Acesso em: 5 maio 2020.

PAGLIARINI, A. C.; DIMOULIS, D. **Direito constitucional e internacional de direitos humanos**. São Paulo: Forum, 2012.

PFERSMANN, O. **Positivismo jurídico e justiça constitucional no século XXI**. Tradução de Alexandre Coutinho Pagliarini. São Paulo: Saraiva, 2015.

PIMENTEL, A. F. Decisão *ex officio* e a proibição de decisão surpresa. Imparcialidade do juiz e do árbitro. Processo eletrônico. In: SALOMÃO, G.; STRECK, L.; NERY JÚNIOR, N. (Coord.). **Crise dos Poderes da República**: Judiciário, Legislativo e Executivo. São Paulo: Revista dos Tribunais, 2017. p. 379-396.

PIOVESAN, F. **Direito humanos e o direito constitucional internacional**. 11. ed. rev. e atual. São Paulo: Saraiva, 2010.

PORTELA, P. H. G. **Direito internacional público e privado**: incluindo noções de direitos humanos e de direito comunitário. 11. ed. rev., atual. e ampl. Salvador: Juspodivm, 2019.

PUCCINELLI JÚNIOR, A. **A omissão legislativa inconstitucional e responsabilidade do estado legislador**. São Paulo: Saraiva, 2013.

RAMOS, A. de C. **Curso de direitos humanos**. 6. ed. São Paulo: Saraiva, 2019.

SAMPAIO, J. A. L. **A constituição reinventada pela jurisdição constitucional**. Belo Horizonte: Del Rey, 2002.

SCHÄFER, G. **Súmulas vinculantes**: análise crítica da experiência do Supremo Tribunal Federal. Porto Alegre: Livraria do Advogado, 2012.

SILVA, J. A. da. **Curso de direito constitucional positivo**. 41. ed. São Paulo: Malheiros, 2018.

STF – Supremo Tribunal Federal. Ação Direta de Inconstitucionalidade n. 3659/AM. Relator: Ministro Alexandre de Moraes. **Tribunal Pleno**, 13 dez. 2018a. Disponível em: <https://portal.stf.jus.br/processos/detalhe.asp?incidente=2358540>. Acesso em: 17 abr. 2020.

STF – Supremo Tribunal Federal. Ação Direta de Inconstitucionalidade n. 3796/PR. Relator: Ministro Gilmar Mendes. **Tribunal Pleno**, 8 mar. 2017. Disponível em: <http://portal.stf.jus.br/processos/detalhe.asp?incidente=2412333>. Acesso em: 17 abr. 2020.

STF – Supremo Tribunal Federal. Ação Direta de Inconstitucionalidade n. 4409/SP. Relator Ministro Alexandre de Moraes. **Diário da Justiça Eletrônico**, 11 jun. 2018b. Disponível em: <http://portal.stf.jus.br/processos/detalhe.asp?incidente=3873163>. Acesso em: 17 abr. 2020.

STF – Supremo Tribunal Federal. Ação Direta de Inconstitucionalidade n. 5326/DF. Relator: Ministro Marco Aurélio. **Tribunal Pleno**, 27 set. 2018c. Disponível em: <http://portal.stf.jus.br/processos/detalhe.asp?incidente=4781750>. Acesso em: 30 abr. 2020.

STF – Supremo Tribunal Federal. Ação Direta de Inconstitucionalidade n. 5472/GO. Relator: Ministro Edson Fachin. **Tribunal Pleno**, 1º ago. 2018d. Disponível em: <https://stf.jusbrasil.com.br/jurisprudencia/768161218/acao-direta-de-inconstitucionalidade-adi-5472-go-goias-0001327-3220161000000/inteiro-teor-768161228?ref=serp>. Acesso em: 17 abr. 2020.

STF – Supremo Tribunal Federal. Arguição de Descumprimento de Preceito Fundamental n. 347/MC/DF. Relator: Ministro Marco Aurélio. **Plenário**, 9 set. 2015a. Disponível em: <http://redir.stf.jus.br/paginadorpub/paginador.jsp?docTP=TP&docID=10300665>. Acesso em: 30 abr. 2020.

STF – Supremo Tribunal Federal. **Informativo n. 917**. Brasília, 24 a 28 de setembro de 2018e. Disponível em: <http://www.stf.jus.br/arquivo/informativo/documento/informativo917.htm>. Acesso em: 28 abr. 2020.

STF – Supremo Tribunal Federal. **Informativo n. 927**. Brasília, 10 a 14 de dezembro de 2018f. Disponível em: <http://www.stf.jus.br/arquivo/informativo/documento/informativo927.htm>. Acesso em: 28 abr. 2020.

STF – Supremo Tribunal Federal. **Informativo n. 944**. Brasília, 10 a 14 de junho de 2019a. Disponível em: <http://www.stf.jus.br/arquivo/informativo/documento/informativo944.htm>. Acesso em: 28 abr. 2020.

STF – Supremo Tribunal Federal. Recurso Extraordinário n. 80.004/SE. Relator: Ministro Xavier de Albuquerque. **Diário da Justiça**, 29 dez. 1977. Disponível em: <https://stf.jusbrasil.com.br/jurisprudencia/14614120/recurso-extraordinario-re-80004-se>. Acesso em: 22 abr. 2020.

STF – Supremo Tribunal Federal. Recurso Extraordinário n. 254948/BA. Relator: Ministro Sepúlveda Pertence. **Tribunal Pleno**, 15 set. 1999. Disponível em: <https://stf.jusbrasil.com.br/jurisprudencia/14696324/recurso-extraordinario-re-254948-ba>. Acesso em: 22 abr. 2020

STF – Supremo Tribunal Federal. Recurso Extraordinário n. 466.343/SP. Relator: Ministro Cezar Peluzo. **Tribunal Pleno**, 3 dez. 2008a. Disponível em: <https://stf.jusbrasil.com.br/jurisprudencia/14716540/recurso-extraordinario-re-466343-sp/inteiro-teor-103105487?ref=juris-tabs>. Acesso em: 22 abr. 2020.

STF – Supremo Tribunal Federal. Recurso Extraordinário n. 730.462/SP. Relator: Ministro Teori Zavascki. **Plenário**, 25 maio 2015b. Disponível em: <http://redir.stf.jus.br/paginadorpub/paginador.jsp?docTP=TP&docID=9343495>. Acesso em: 22 abr. 2020.

STF – Supremo Tribunal Federal. **Regimento Interno**. Brasília, 2020. Disponível em: <http://www.stf.jus.br/arquivo/cms/legislacao RegimentoInterno/anexo/RISTF.pdf>. Acesso em: 22 abr. 2020.

STF – Supremo Tribunal Federal. **Relatório 2019**: 1º semestre. Brasília, jul. 2019b. Disponível em: <http://www.stf.jus.br/arquivo/cms/noticiaNoticiaStf/anexo/relatorio1sem2019.pdf>. Acesso em: 4 abr. 2020.

STF – Supremo Tribunal Federal. **Sobre a repercussão geral**. 2018g. Disponível em: <http://www.stf.jus.br/portal/cms/verTexto.asp?servico=jurisprudenciaRepercussaoGeral&pagina=apresentacao>. Acesso em: 21 abr. 2020.

STF – Supremo Tribunal Federal. **Súmula n. 347**, de 13 de dezembro de 1963. Disponível em: <http://www.stf.jus.br/portal/jurisprudencia/menuSumarioSumulas.asp?sumula=2149>. Acesso em: 21 abr. 2020.

STF – Supremo Tribunal Federal. Súmula Vinculante n. 10. **Diário da Justiça Eletrônico**, 27 jun. 2008b. Disponível em: <http://www.stf.jus.br/portal/jurisprudencia/listarJurisprudencia.asp?s1=10.NUME.%20E%20S.FLSV.&base=baseSumulasVinculantes>. Acesso em: 22 abr. 2020.

STF – Supremo Tribunal Federal. Súmula Vinculante n. 25. **Diário da Justiça Eletrônico**, 23 dez. 2009. Disponível em: <http://www.stf.jus.br/portal/jurisprudencia/listarJurisprudencia.asp?s1=25.NUME.%20E%20S.FLSV.&base=baseSumulasVinculantes>. Acesso em: 30 abr. 2020.

STJ – Superior Tribunal de Justiça. Reclamação n. 25310/MG. Relator: Ministro Aurélio Bellizze. **Diário da Justiça**, 30 jun. 2015.

STRECK, L. L. **Hermenêutica e jurisdição**: diálogos com Lenio Streck. Porto Alegre: Livraria do Advogado, 2017.

TARUFFO, M. **Las funciones de las cortes supremas**: aspectos generales. In: TARUFFO, M.; MARINONI, L. G.; MITIDIERO, D. (Coord.). **La misión de los tribunales supremos**. Madrid: Marcial Pons, 2016. p. 231-252.

TAVARES, A. R. **Curso de direito constitucional**. 17. ed. São Paulo: Saraiva, 2019.

TORELLY, M. O futuro do Sistema Interamericano de Direitos Humanos: uma nota introdutória. **Revista Direito e Práxis**, Rio de Janeiro, v. 8, n. 2, p. 789-829, 2017. Disponível em: <https://www.e-publicacoes.uerj.br/index.php/revistaceaju/article/view/28774/20593>. Acesso em: 4 abr. 2020.

VIANA, U. S. **Repercussão geral sob a ótica da teoria dos sistemas de Niklas Luhmann**. 2. ed. São Paulo: Saraiva, 2011.

Lista de siglas

ADC – Ação Declaratória de Constitucionalidade
ADCT – Ato das Disposições Constitucionais Transitórias
ADI – Ação Direta de Inconstitucionalidade
ADO – Ação Direta de Inconstitucionalidade por Omissão
ADPF – Arguição de Descumprimento de Preceito Fundamental
AGU – Advocacia Geral da União
CC – Código Civil
CCJ – Comissão de Constituição e Justiça
CF – Constituição Federal
CPC – Código de Processo Civil
CRFB – Constituição da República Federativa do Brasil

CTN – Código Tributário Nacional
EC – Emenda Constitucional
IF – Ação Direta de Inconstitucionalidade Interventiva
MPF – Ministério Público Federal
OC – Opinião Consultiva
OEA – Organização dos Estados Americanos
ONU – Organização das Nações Unidas
RE – Recurso Extraordinário
STF – Supremo Tribunal Federal
STJ – Superior Tribunal de Justiça

Sobre o autor

Eduardo Biacchi Gomes é pós-doutor em Estudos Culturais pela Universidade Federal do Rio de Janeiro (UFRJ) – com estudos realizados na Universidade de Barcelona – e em Direitos Humanos e Políticas Públicas pela Pontifícia Universidade Católica do Paraná (PUCPR), doutor (2003) e mestre (2000) em Direito pela Universidade Federal do Paraná (UFPR), especialista em Direito Internacional (2001) pela Universidade Federal de Santa Catarina (UFSC) e graduado em Direito (1993) pela PUCPR. Desenvolveu pesquisa na Universidade de Los Andes, Chile. Foi professor permanente do quadro do Centro Universitário UniBrasil e também editor-chefe da Revista de Direitos Fundamentais e Democracia, vinculada ao Programa de Mestrado e Doutorado em Direto do Centro Universitário Unibrasil, Qualis A1, desde sua fundação. Foi ainda consultor jurídico do Mercosul entre 2005 e 2006. Atualmente, é professor titular de Direito Internacional da PUCPR e professor adjunto do curso de Direito do Centro Universitário Internacional Uninter. Tem experiência na área de direito, com ênfase em direito internacional, direito da integração e direitos humanos, atuando principalmente nos seguintes temas: blocos econômicos, direito comunitário, direito internacional público, direito da integração, Mercosul e direito constitucional.

Os papéis utilizados neste livro, certificados por instituições ambientais competentes, são recicláveis, provenientes de fontes renováveis e, portanto, um meio **respons**ável e natural de informação e conhecimento.

FSC
www.fsc.org
MISTO
Papel produzido a partir de fontes responsáveis
FSC® C103535

Impressão: Reproset
Agosto/2020